박문각 경찰

박용증
아두스 경찰학

마무리 요약집

박용증 편저

두문자로 쏙쏙 암기하는
아름다운 **두**문자 **스**토리 **경찰학!**

박문각

이 책의 차례 CONTENTS

박문각
경 찰

두문자로 쏙쏙 암기하는
아름다운 **두**문자 **스**토리 **경찰학!**

CHAPTER
01

위원회등 종합

01 | 위원회등 종합

성격	자문기관	고충위, 인사위, 인권위	자색문으로 고인인(Go in in)
	행정관청	소청위, 시경위	－
	의결기관	나머지	－
인원	5인 이내	보상금위	공로(05)자 보상금
	7인	국경위, 시경위, 보관위	국시 보관처(7)
	11인	정공위	정공으로 일일이 친(7)다
	5 ~ 7인	대부분 ※ 소청위 : 5 ~ 7인 상임 + 상임의 1/2 이상 비상임	
	7 ~ 13인	경찰청(시·도청) 인권위	사모(3,5) 권고
	7 ~ 15인	고충위(회의 시 : 위원장 + 위원장 지정 5 ~ 7인)	
	11 ~ 51인	경찰 보통·중앙 징계위원회 (회의 시 : 위원장 + 기관장 지정 4 ~ 6인)	일일(11)이 다하나(51)
	40 ~ 90인	언론중재위원회(중재시 5인 이내 중재부)	언론 사구(고)시 중재
	70인 이내	중앙행정심판위원회(상임위원 4명)	
위원장	호선	국경위, 인권위, 언론위, 손보위	굳건하게 언 손에 호 ~
	지정(임명)	시경위, 보관위(법무부차관)	－
정무직	－	국경위 상임위원, 시경위 상임위원·위원장, 소청위 위원장	국상(國賞) 시상장에 간 소장 정무
임기	3년, 연임 ×	국경위, 시경위	언국시 소중(하게) 삶(3) 년
	3년, 1차 연임	언론위, 소청위(상임 3년, 비상임 2년), 중앙행정심판 위(상임3년, 비상임 2년)	
	2년, 연임 ○	나머지 대부분 ※ 인권위 : 위원장 연임 ×, 위원 2회 연임	－
성별	인권위 구성	특정 성별이 전체 위원 수의 6/10 초과 금지	－
	징계위 구성	특정 성별이 민간위원 수의 6/10 초과 금지	
	성범죄 징계	피해자와 같은 성별의 위원이 위원장을 **제외**한 위원 수의 1/3 이상	성충(벌레)은 빼라

민간 위원 구성	고충위	위원장 **제외**한 위원수의 1/2 이상	**성충(벌레)은 빼라**
	경찰 징계위	위원장 포함한 위원수의 1/2 이상	—
	정공위	위원장 포함 7명	**정공으로 일일이 친(7)다.**
	정공심	위원장 포함한 위원수의 2/3, 범죄 예방·수사 등 기관은 1/3 이상	
	보관위	변호사 과반수 이상	
	손보위	비경찰 과반수 이상	
	인권위	당연직(경찰청 감사관 또는 시·도경찰청 청문감사인권담당관) 제외한 모든 위원	
민간 위원 자격	국경위	법관자격 2명 임명 필수	
	시경위	인권전문가 1명 임명 노력	
	테러대책위	인권보호관 1명 임명 필수	
	정교수	경찰청 중앙징계위	**고시본조 중앙 총정렬임** ※ 경찰청 **중앙징계위** • **총경** 이상 퇴직자 • **정교수** • 법·검·변 **10년** 이상 경력 • 민간 인사·감사 **임원급**
	부교수	나머지	
	조교수	경찰청 **고충**심사위, **시경위**, 국수**본**부장	
	퇴직 경찰	총경 이상: 중앙징계위, 국수본부장 20년 이상: 보통징계위, 고충위	
회의		국경위(월 2회), 시경위(월 1회 이상), 인권위(경찰청 월 1회, 시·도청 분기 1회)	
의결 정족수	재과출, 출과찬	대부분	—
	재과찬	**승**진위, **보**상금위, **인**사위,	**승보인 것에 재과찬**
	재2/3출, 출과찬	**소**청위, **정**규위	**재삼이 출석, 소정 만나**
	재과출, 출2/3찬	시경위 **재**의결 확정	**출산이 찬(참) 재테크**
	재2/3출, 출2/3찬	소청위 중징계 취소·변경 등	가장 엄격하다.

※ 위원회 종류 : 국가경찰위원회(국경위), 시·도자치경찰위원회(시경위), 경찰위원회(국경위·시경위), 시·도자치경찰위원회 위원추천위원회(위추위), 경찰공무원 인사위원회(인사위), 손실보상심의위원회(손보위), 보상금심사위원회(보상금위), 소청심사위원회(소청위), 중앙징계위원회(중앙중계위), 보통징계위원회(보통징계위), 보안관찰처분심의위원회(보관위), 정보공개위원회(정공위), 정보공개심의회(정공심), 언론중재위원회(언론위), 정규임용심사위원회(정규위), 경찰청(시·도청) 인권위원회(인권위), 경찰공무원 고충심사위원회(고충위), 공개수배위원회, 공정수사위원회, 승진심사위원회(승진위), 국가테러대책위원회(테러대책위), 중앙행정심판위원회(중심위)

※ 경찰청과 시·도청에만 있는 위원회(경찰서 ×) : 손보위, 인권위

※ 경찰청에만 있는 위원회 : 인사위

1 경찰청(시·도경찰청) 인권위원회

소속/성격	자문기구(심의기구 ×)로서 경찰청, 시·도경찰청에 설치(경찰서 ×) 〈22·23경간, 22채용〉
구성	7~13인(특정 성별은 6/10 초과 금지) 〈18·19채용, 23경간, 23법학〉
위원장	위원장 호선(부록 제1장 '위원회 종합' 참조) 〈23법학〉
위원	① 위원은 당연직 위원과 위촉 위원으로 구분하며, 당연직은 경찰청은 감사관, 시·도경찰청은 청문감사인권담당관으로 한다. 〈23채용, 23법학〉 ② 다음 각 경력자는 반드시 1명 이상 포함되어야 한다(총 4명 이상). 　㉠ 판사·검사·변호사 3년 이상 경력자 　㉡ 교원 또는 교직원으로 3년 이상 경력자 　㉢ 「비영리민간단체지원법」에 따른 단체에서 인권 분야에 3년 이상 활동한 경력이 있거나 그러한 단체로부터 인권위원으로 위촉되기에 적합하다고 추천을 받은 자 　㉣ 그 밖에 사회적 약자 등 다양한 사회 구성원의 목소리를 반영할 수 있는 자 ③ 위원의 결격 및 당연퇴직 사유 　㉠ 「공직선거법」에 따라 실시하는 선거에 후보자(예비후보자 포함)로 등록한 사람 　㉡ 「공직선거법」에 따라 실시하는 선거에 의하여 취임한 공무원이거나 그 직에서 퇴직한 날부터 3년이 지나지 아니한 사람 〈23법학〉 　㉢ 경찰의 직에 있거나 그 직에서 퇴직한 날부터 3년이 지나지 아니한 사람 〈23채용, 23경간〉 　㉣ 「공직선거법」에 따른 선거사무관계자 및 「정당법」에 따른 정당의 당원 ④ 다음의 경우에 경찰청장, 시·도경찰청장은 위원회의 의견을 들어 위원을 해촉할 수 있다. 　㉠ 입건 전 조사·수사 중인 사건에 청탁 또는 경찰 인사에 관여하는 행위를 하거나 기타 직무 관련 비위사실이 있는 경우 〈23경간〉 　㉡ 위원회의 명예를 실추시키거나 위원으로서의 품위를 손상시키는 행위를 한 경우 　㉢ 특별한 사유 없이 연속으로 정기회의에 3회 불참 등 직무를 태만히 한 경우 〈23법학〉 　㉣ 위원 스스로 직무를 수행하는 것이 곤란하다고 의사를 밝힌 경우 　㉤ 그 밖에 부득이한 사유로 업무를 수행할 수 없는 경우
임기	① 위원장 2년(호선, 연임 불가), 위원 2년(2회 연임 가능) 〈18·19·23채용, 23경간〉 　※ 중앙행정심판위원회 비상임 위원 2년(2회 연임 가능) ② 결원으로 새로 위촉하는 위원의 임기는 위촉된 날부터(다음날 ×) 기산한다. 〈18채용〉
회의	① 정기회의는 경찰청은 월 1회, 시·도경찰청은 분기 1회 개최 〈18·23채용〉 ② 임시회의는 위원장이 필요하다고 인정하거나 청장 또는 재적위원 1/3 이상이 소집을 요구하는 경우 위원장이 소집 ③ 재적 위원 과반수 출석, 출석 위원 과반수 찬성으로 의결 〈23법학〉

2 언론중재위원회

소속	독립적
성격	준사법적
구성	40~90인(중재 시 5인 이내 중재부 구성)【언론 사구(고) 중재】〈23승진, 22채용〉
위원장	위원장 1명, 부위원장 2명 이내, 감사 2명 이내, 각각 중재위원 중에서 **호선【122】**〈17 · 22승진〉
위원	① 법관/변호사 자격 ② 언론사 취재, 보도 업무 10년 이상 ③ 기타 언론에 학식, 경험 풍부 ④ 위원장 · 부위원장 · 감사 · 중재위원 모두 **임기 3년(1차 연임만 가능)**〈22채용〉 ⑤ **문화체육관광부장관이 위촉**
의결정족수	재과출, 출과찬
심의사항	보도 또는 매개로 인한 분쟁의 조정 · 중재, 침해사항 심의

3 정보공개위원회 및 정보공개심의회

구분	정보공개위원회(정공위)	정보공개심의회(정공심)
소속/성격	행정안전부장관	각 국가기관, 자치단체
구성	**11명【일일이 정공법으로 친(7)다】**〈19경간〉	5 ~ 7명
위원장	공무원 아닌 사람(민간위원)으로 위촉	**기관장이 지명 · 위촉** ※ 경찰청 정보공개심의회 운영규칙 제3조 　• 경찰청(시 · 도청): 차장 　• 경찰서: 경무과장
민간위원	① 정보공개에 학식 경험 풍부한 사람으로 행정안전부장관이 위촉한 사람 ② 시민단체가 추천한 사람으로 행정안전부장관이 위촉한 사람 ③ **7명**(위원장 포함) ④ 임기 2년, 연임	① **위원의 2/3** ② 다만, **범죄의 예방, 수사**, 공소의 제기 및 유지, 형의 집행, 교정, 보안처분 등의 업무를 주로 하는 국가기관은 **1/3 이상**
의결	① 정보공개 정책, 제도, 기준 수립 ② **공공기관(국회, 법원, 헌재, 선관위 제외)**의 정보공개 운영실태 평가	정보공개 **이의신청** 사안 심의

※ 행안부장관: ① 정보공개제도의 정책 수립, 제도 개선 등에 관한 기획 · 총괄 업무 관장
　　　　　　　② 위원회의 요청에 따라 정보공개제도 운영실태를 평가

4 국가경찰위원회와 시·도자치경찰위원회 비교

구분	국가경찰위원회	시·도자치경찰위원회
소속	행정안전부	시·도지사
성질	**의결기관**	**합의제 행정기관(관청)**
구성	7인	7인 〈21채용〉
임기	① 3년, 연임불가 ② 보궐위원은 전임자의 잔여임기	① 3년, 연임불가 ② 보궐위원은 전임자의 잔여임기로 하되 **1년 미만인 경우는 1회 연임 가능**
위원장	**호선**	**시·도지사 임명** 〈21채용〉
직무대리	상임위원, 위원 중 연장자순	
위원	① 신분: **상임위원은 정무직** ② **2명은 법관 자격자**(의무적) ③ 특정 성별 6/10 초과 금지 노력	① 신분: **위원장, 상임위원은 정무직**(지방) ② **1명은 인권 전문가** 임명되도록 노력 ③ 특정 성별 6/10 초과 금지 노력
자격	없음	① 판·검·변·경찰 5년 이상 ② 국가기관 등에서 법률에 관한 사무에 5년 이상 종사한 변호사 자격자 ③ 법률학·행정학·경찰학 분야 조교수 5년 이상 ④ 그 밖에 관할 지역주민 중에서 경험이 풍부하고 학식과 덕망을 갖춘 사람
결격	경찰/검사/국정원/군인/당적/선거직 퇴직 후 3년 미경과자 【경검국군당선 3년】	경찰/검사/국정원/군인/당적/선거직/공무원 퇴직 후 3년 미경과자 【경검국군당선공 3년】

회의
〈22채용〉
	① 정기회: **월 2회**
	② 임시회
	  ㉠ 소집: 위원장
	  ㉡ 요구: 행안부장**관**, 위원 3인 이상, 경찰**청장**
	【국경 관세청 정리(2)】
	③ 재과출/출과찬
		① 정기회: **월 1회** 이상
		② 임시회
		  ㉠ 소집: 위원장, 시도지사
		  ㉡ 요구: 위원 2인 이상(시·도청장 ×)
		③ 재과출/출과찬

재의 요구	행안부 장관이 **10일** 내 요구 ⇨ 위원회는 **7일** 내 재의결 【장관은 열일 요구 위원회는 치이네】	① 시·도지사가 요구(기간 제한 ×) ⇨ 위원회는 **7일** 내 재의결 ※ 행안부장관과 청장은 시·도지사에게 요구 ② 재적위원 과반수 출석, 출석위원 2/3 이상의 찬성으로 동일한 의결을 할 경우 확정됨.
신분 보장	**중대한 신체상, 정신상 장애**로 직무를 수행할 수 없게 된 경우를 제외하고는 그 의사에 반하여 면직되지 아니한다. ※ 소청심사위원회: '**금고 이상의 형벌이나 장기의 심신 쇠약**' 사유	

5 국가수사본부장 자격 및 결격사유(국가경찰과 자치경찰의 조직 및 운영에 관한 법률)

제16조(국가수사본부장) ⑥ 국가수사본부장을 경찰청 외부를 대상으로 모집하여 임용할 필요가 있는 때에는 다음 각 호의 자격을 갖춘 사람 중에서 임용한다. 【국공판검 변조 10년 + 합산 15년】

1. 10년 이상 수사업무에 종사한 사람 중에서 고위공무원단에 속하는 **공무원**, 3급 이상 공무원 또는 **총경(경무관 ×) 이상** 경찰공무원으로 재직한 경력이 있는 사람
2. **판사·검**사 또는 **변**호사의 직에 **10년** 이상 있었던 사람 〈23경간〉
3. 변호사 자격이 있는 사람으로서 **국**가기관(지방자치단체, 공공기관 포함) 등에서 법률에 관한 사무에 **10년** 이상 종사한 경력이 있는 사람
4. 대학이나 공인된 연구기관에서 법률학·경찰학 분야에서 **조**교수 이상의 직이나 이에 상당하는 직에 **10년** 이상 있었던 사람
5. 제1호부터 제4호까지의 **경력 기간의 합산이 15년 이상**인 사람

⑦ 국가수사본부장을 경찰청 외부를 대상으로 모집하여 임용하는 경우 다음 각 호의 어느 하나에 해당하는 사람은 국가수사본부장이 될 수 없다. 【당선3년, 국공판검1년】

1. 「경찰공무원법」 제8조 제2항 각 호의 결격사유에 해당하는 사람
2. 정당의 당원이거나 **당**적을 이탈한 날부터 **3년**이 지나지 아니한 사람 〈23채용, 23법학〉
3. **선**거에 의하여 취임하는 공직에 있거나 그 공직에서 퇴직한 날부터 **3년**이 지나지 아니한 사람
4. 제6항 제1호에 해당하는 **공**무원 또는 제6항 제2호의 **판사·검**사의 직에서 퇴직한 날로부터 **1년**이 지나지 아니한 사람
5. 제6항 제3호에 해당하는 사람으로서 **국**가기관 등에서 퇴직한 날로부터 **1년**이 지나지 아니한 사람

6 경찰공무원 인사위원회(경찰공무원법 제5조)

구분	내용
성격	① 인사에 관한 경찰청장 자문기관(경찰청 소속) ② **자문기관**: 고충위, 인사위, 인권위 【자색문으로 고인인(Go inin)】
구성	5 ~ 7인(위원장 포함)
위원장	경찰청 인사담당국장(경무인사기획관)
위원	**경찰청장(위원장 ×)**이 경찰청 소속 총경 이상 중 임명
의결정족수	**재적위원 과반수 찬성** 〈19경간〉

7 정규임용심사위원회(경찰공무원 임용령 시행규칙 제9조)

소속/성격	임용권자 또는 임용제청권자 소속
구성	5 ~ 7인
위원장	가장 계급이 높은 경찰공무원
위원	① **경감 이상** 중에서 위원회가 설치된 기관장이 임명 ② 심사대상자보다 상위 계급자 ※ 징계위원회의 공무원 위원은 징계대상자보다 상위계급인 **경위 이상** 또는 6급 이상 공무원 중에서 임명
의결정족수	재적 2/3 출석, 출석 과반수 찬성
심의사항	① 시보임용경찰공무원을 정규 경찰공무원으로 임용시 적부심사 ② 시보임용경찰공무원의 면직 또는 면직제청에 따른 동의 절차는 해당 징계위원회의 **파면(해임×) 의결에 관한 절차를 준용**한다. 〈24승진〉

8 승진심사위원회(경찰공무원 승진임용 규정 제15조, 제16조)

관할	① 중앙승진심사위원회(경찰청) : 경무관, 총경으로의 승진 심사 ② 보통승진심사위원회(경찰청, 소속기관등) : 경정 이하로의 승진 심사
소속/성격	심의 · 의결 기구
구성	5 ~ 7명(위원장 포함)
위원장	최상위 계급 또는 선임
위원	① 승진대상자보다 상위계급인 경위 이상 중에서 소속 경찰기관장이 임명 ② 시 · 도경찰청 및 경찰서에 두는 **보통승진심사위원회의 위원 중 2명은 시 · 도자치경찰위원회의 추천을 받아 임명**한다(제16조④).
의결정족수	**재적 과반수 찬성**

9 징계위원회

구분	경찰 보통징계위원회	경찰 중앙징계위원회	(국무총리 소속) 중앙징계위원회
근거	경찰공무원 징계령		공무원 징계령
소속	소속기관	경찰청	국무총리
구성	① 위원장 1명 포함 **11 ~ 51명**으로 구성하되, 전체위원 수의 1/2 이상을 민간위원으로 위촉하며(회의 시에도 동일) **특정 성별이 민간위원 수의 6/10 초과 금지 【일일(11)이 다하나(51)?】** 〈17·23승진, 22·23경간〉 ② 회의 시 위원장과 **경찰기관장이 지정하는 4 ~ 6명으로 성별을 고려하여 구성** 〈22·23경간〉 ③ 성폭력·성희롱 범죄 징계시 **피해자와 같은 성별**의 위원이 위원장을 제외(포함 ×)한 위원 수의 **1/3 이상 포함되어야 한다.** 〈23경간, 23법학〉 ※ 특정 성별 강행규정: 징계위 구성, 인권위 구성		17 ~ 33인
위원장	① 위원 중 최상위계급 또는 최상위계급에 먼저 임용된 자 ② **직무대행**: 출석위원 중 최상위계급 또는 최상위계급에 먼저 임용된 자		인사혁신처장
공무원위원	대상자보다 상급자로서 경위 이상 또는 6급 이상		—
민간위원	① 변호사 5년 이상 ② 부교수 이상 ③ 20년 이상 근속 퇴직공무원 ④ 민간부문 인사·감사 임원급	① **총경** 또는 4급 이상 퇴직 공무원 ② **정교수** 이상 ③ 법·검·변 10년 이상 ④ 민간부문 인사·감사 **임원급** 【중앙 **총정렬임**】	(생략)
	※ **퇴직 공무원**: 퇴직 전 5년부터 퇴직할 때까지 근무했던 적이 있는 경찰기관의 경우 퇴직일부터 3년이 경과한 사람		
의결	① 위원장도 표결권 있으며, 의결내용은 공개하지 아니한다. 〈23경간〉 ② 과반수 출석, 출석 과반수 찬성으로 의결하되, 의견이 나뉘어 과반수 불가 시 과반수가 될 때까지 **가장 불리한 의견을 제시한 위원의 수를 그 다음으로 불리한 의견(유리한 의견)을 제시한 위원의 수에 차례로 더하여** 그 의견을 합의된 의견으로 본다. 〈21채용〉 〈예시〉 징계위원 6명일 때: 파면 1명, 해임 1명, 강등 2명, 정직 3명으로 투표하였으면, 반수를 초과하는 과반수는 4명이므로 '1 + 1 + 2'가 되는 강등에서 과반수에 도달함. ⇨ 강등으로 결정 〈22채용〉 ③ 징계사건의 이송, 의결 기한의 연기에 대해서는 서면으로 의결할 수 있다.		

10 고충심사위원회

성격	자문기관
구성	① 7~15명(민간위원은 위원장 **제외**한 위원 수의 1/2 이상) 【**벌레(충)는 빼라**】 〈22경간〉 ② 회의 시, 위원장 + 위원장 지정 5~7명, 성별고려 구성, 민간위원 1/3 이상 【**회의할 때 짝수라서 고충이 많다**】
위원장	인사, 감사 담당 과장 〈22경간〉
보통고충 심사위원회	① 경찰청, **시·도경찰위**, 시·도경찰청, 대통령령으로 정하는 기관에 경찰공무원 고충심사위원회를 둔다(경찰공무원법 제31조). ② "대통령령이 정하는 경찰기관"이라 함은 경찰대학·경찰인재개발원·중앙경찰학교·경찰수사연수원·경찰서·경찰기동대·경비함정 기타 **경감(경정 ×)** 이상의 경찰공무원을 장으로 하는 기관 중 행정안전부장관 또는 해양수산부장관이 지정하는 경찰기관을 말한다(공무원고충처리규정). 〈22경간〉
중앙고충 심사위원회	① 중앙고충위 기능은 **소청심사위원회에서 관장**한다. ② 심사 대상 〈22승진〉 　㉠ 경찰공무원 고충심사위원회의 심사를 거친 **재심**청구(경공법 제31조) 　㉡ **경정 이상**의 경찰공무원의 인사상담 및 고충심사(경공법 제31조) 　㉢ 임용권자를 달리하는 둘 이상의 기관에 관련된 경우(국가공무원법) 　㉣ 6급 이하 공무원의 고충으로서 **보통고충위에서 심사하는 것이 부적당한 사안**(공무원고충처리규정 제3조의6⑤) 【**성차갑 - 고충크다**】 　　ⓐ **성**폭력범죄 또는 성희롱 사실에 관한 고충 　　ⓑ 성별·종교·연령 등을 이유로 하는 불합리한 **차**별로 인한 고충 〈22경간〉 　　ⓒ 「공무원 행동강령」 제13조의3(**갑**질행위)에 따른 부당한 행위로 인한 고충

11 소청심사위원회

소속	① 행정기관 공무원의 소청을 심사·결정하게 하기 위하여 **인사혁신처에 둔다.** ② 국회사무처, 법원행정처, 헌법재판소사무처 및 중앙선거관리위원회사무처에 각각 해당 소청심사위원회를 둔다.
성격	합의제 **행정관청**
구성	5~7인 상임위원(위원장 포함) + 상임위원의 1/2 이상 비상임위원 〈16·17·19승진〉 ※ 국회, 법원, 헌재, 선관위 등에 설치된 소청위는 **5~7명의 비상임으로만 구성**
위원장	**정무직**, 대통령 임명 ※ 위원장을 제외한 다른 상임위원은 임기제 공무원으로 임명
위원	① 처장 제청 ⇨ (총리) ⇨ 대통령 임명 〈16경간〉 ② 3급 이상 또는 고위공무원단 3년 이상 근무한 자 〈19승진〉 ③ 행정학, 정치학, 법률학 전공 **부교수 5년 이상(비상임)** 〈18채용, 16승진, 16경간〉 ④ 법관, 검사, 변호사 자격 **5년 이상(비상임)** 　※ ②~④: 상임위원 가능 ⑤ 임기: **상임위원은 3년(1차에 한하여 연임)**, 비상임위원은 2년 ⑥ 상임위원은 다른 직무 겸직 금지 ⑦ 금고(벌금 ×) 이상 형벌, 장기 심신쇠약 등을 제외하고 면직불가 〈16·19승진, 16경간〉 　**【소삼겹살 (냄새가) 부오】**

12 손실보상심의위원회와 보상금심사위원회 비교

구분	손실보상심의위원회	(공로)보상금심사위원회
소속	경찰청, 시·도청 **(경찰서 ×)** 〈22채용〉	경찰청, 시·도청, 경찰서
구성	5~7인 〈17·18·20승진〉	**5인 이내** 〈22채용, 19승진〉
위원장	① **호선** 〈18·20승진〉 ② **위원장이 미리 지명한 위원이 직무 대행** 〈21채용〉	경찰청장/시·도청장/경찰서장이 소속 과장급 이상 경찰공무원 중에서 임명 〈17승진〉
위원	• 판·검·변 5년 이상 • 법학·행정학 부교수 5년 이상 • 경찰업무와 손실보상에 학식·경험자 • **경찰공무원 아닌 자 과반수 이상** • 임기 2년	경찰청장/시·도청장/경찰서장이 소속 경찰공무원 중에서 임명 (민간위원 없이 경찰관 위원으로만 구성)
의결	재적 과반수 출석, 출과찬 〈18승진〉	**재적 과반수 찬성**

13 중앙행정심판위원회

구성	① 위원장 1명 포함 **70명** 이내의 위원, **상임위원은 4명** 이내 〈22·23법학〉 ※ 중앙행정심판위원회를 제외한 각급 행정심판위원회는 50명 이내로 구성 ② **위원장은 국민권익위원회 부위원장** 중 1명이 겸임 〈22법학〉 ※ 국무총리 소속으로 국민권익위원회를 두고, 국민권익위원회 소속으로 중앙행정심판위원회를 둔다.
상임	① 3급 이상 공무원 또는 고위공무원단에 속하는 일반직공무원으로 3년 이상 근무한 사람 등을 일반직공무원(임기제)으로 임명한다. ② 중앙행정심판위원회 **위원장의 제청으로 국무총리를 거쳐 대통령이** 임명한다. ③ **임기는 3년(1차에 한하여 연임)** 〈23법학〉
비상임	① 위원장의 제청으로 **국무총리가 성별을 고려하여 위촉** 〈22법학〉 ② **임기는 2년(2차에 한하여 연임)** 〈22법학〉
회의	① 소위원회를 제외한 회의는 위원장, 상임위원, 위원장이 회의마다 지정하는 비상임위원을 포함하여 **총 9명**으로 구성한다. ② **운전면허 행정처분** 사건을 심리·의결하기 위해 **4명의 위원으로 구성되는 소위원회를 둘 수 있다.**

14 보안관찰처분심의위원회

소속/성격	법무부 소속, 심의·의결기관
구성	7인(위원장 포함) 〈20승진〉
위원장	**법무부 차관(장관 ×)** 〈13승진〉
민간위원	① 위원은 **법무부 장관(차관 ×)이 제청**, 대통령 임명 또는 위촉 ② 위원의 **과반수는 변호사 자격있는 자** ※ 손보위 : 위원의 과반수 이상은 비경찰 ③ 임기 2년
의결정족수	재과출, 출과찬
심의사항	보안관찰 처분, 기각, 면제, 취소, 기간의 갱신 등 결정

MEMO

박문각
경　찰

두문자로 쏙쏙 암기하는
아름다운 **두**문자 **스토리** **경찰학!**

CHAPTER
02

세트 암기

02 | 세트 암기

🧑‍🎓 법률이 대통령령이 아닌 부령에 위임하는 경우 【복지집 귀화생】

1. 경찰 **복**제에 관한 사항(경찰공무원법 ⇨ 행안부령)
2. **지**구대·파출소 설치 기준(경찰법 ⇨ 행안부령)
3. **집**단민원현장에 경비원 배치시 경비지도사를 선임·배치하고 행정안전부령으로 정하는 바에 따라 경비원을 지도·감독(경비업법 ⇨ 행안부령)
4. 일반**귀**화의 품행단정 요건(국적법 ⇨ 법무부령)
5. **화**약류 발파 장소 관할서장이 **허가**(총포화약법 ⇨ 행안부령)
   화약류 운반시 발송지 관할서장에 **신고**(총포화약법 ⇨ 행안부령), 다만 **대통령령으로 정하는 수량 이하**의 화약류 운반에는 그러하지 아니하다.
6. 외국인 입국시 **법무부령**으로 정하는 방법으로 **생**체정보(지문·얼굴 정보)를 **제공**하여야 한다. 다만, 17세 미만, **대통령령**으로 정하는 사람 등은 **생**체정보(지문·얼굴 정보) 제공을 **면제**한다.

🧑‍🎓 이의신청 등

1. 정보 공개 이의신청 : 20일 내 미결정시, 30일 내 신청, 7 + 7일 내 결정 【공개 2,3,7】
2. 제3자 비공개 이의신청 : 3일 내 비공개 신청 후 7일 내 이의신청 【비공개 3,3,7】
3. 집회금지 통고받고 10일 내 **상급부서** 이의신청 【집회금지 열(10) 받아서 상부 이의신청】
4. 출국금지 통보(연장) 받고 10일 내 이의신청 【출국금지 열(10) 받아서】
5. 감찰결과 통지받고 감찰 주관 경찰기관장에게 10일 내 이의신청 【출국금지 열(10) 받아서】
6. 과태료 부과 후 10일내 의견제출, 60일 내 이의제기
7. 행정기본법상 **30일** 이내에 해당 행정청에 이의신청, **14 + 10일** 내 결과 통지
   【삼식(30)이 식사(14) 시(10) 이의신청】

🖋 소멸시효(제척기간)

1. 징계시효: 일반사유 **3년**, 공금 횡령 등 징계부가금 사유 **5년**, 성 관련 비위는 **10년**
2. 보수 · 연금 청구권: 보수는 **3년**(민법), 연금은 장 · 단기 모두 **5년** 【보수는 **짧고**, 연금은 **길다**】
3. 보상 청구권(공무원재해보상법): **요양급여, 부조급여, 재활급여, 간병급여**는 **3년**, 그 외는 **5년** 【**요부재간은 짧다**】
4. 손실보상청구권: **안날 3년**, 발생한 날 **5년** 【**안심**하세요. **바로** 보상 해드립니다】
5. 과태료: 행위 종료 후 **5년** 경과시 또는 과태료 확정 후 **5년**간 미징수 【**과오**】
6. 제재처분의 제척기간(행정기본법): 행위 종료 후 **5년** 이내에 제재처분(취소, 정지, 과징금 등) 부과
7. 구조금 지급(범죄피해자 보호법): **안 날**부터 **3년**, **발생**한 날부터 **10년**, 구조금 **받**을 권리는 송달된 날부터 **2년** 내에 행사 【**인삼(안3) 발열 바디(받2)**】

🖋 문서 효력발생

1. **공고문서**는 **5일** 경과한 때 효력발생 【**공고**(공업고등학교)문서에 oil(5일) 마를 때 효력발생】
2. **공시송달**: 공고일부터 **14일** 후 효력 【**공시생 일사천리**】
3. **징계 출석요구 관보게재**: 게재일부터 **10일** 후 효력 【**징괘씸**】

🖋 서면과 구술

국민권익위 신고	정보공개청구	언론중재
기명의 **문서** (비실명 대리신고 가능)	• 공개청구: **구술**, (전자)문서 • 이의신청: **문서**	• 정정보도청구: **문서** • 조정신청: **구술**, (전자)문서

👤 임용 등 절차 정리(경찰법, 경공법)

※ 거치는 절차는 ( )로 표시. 청장은 경찰청장, 장관은 행안부장관

- **국가경찰위원 임명**: 장관 제청 ⇨ (총리) ⇨ 대통령 임명
  ※ **소청위원 임명**: 인사혁신처장(행안부장관 ✕) 제청 ⇨ (총리) ⇨ 대통령
- **경찰청장 임명**: 국가경찰위원회 동의 ⇨ 장관 제청 ⇨ (총리) ⇨ 대통령
- **비상시 계급정년 연장**: 경무관 이상: 청장 ⇨ (장관·총리) ⇨ 대통령 승인받아 청장이 연장
  총경·경정: 청장 ⇨ **(총리)** ⇨ 대통령 승인받아 청장이 연장
- **총경 이상 임용**: **청장 추천** ⇨ 장관 제청 ⇨ (총리) ⇨ 대통령
- **시·도경찰청장 임용**: 시·도경찰위원회와 협의하여 **청장 추천** ⇨ 장관 제청 ⇨ (총리) ⇨ 대통령
- **경무관 이상의 강등·정직, 경정 이상의 파면·해임**: **청장 제청** ⇨ (장관·총리) ⇨ 대통령
- **경정 신·승·면**: **청장 제청** ⇨ (총리) ⇨ 대통령
  ※ **청원경찰 면직**: 청원주는 관할 서장을 거쳐 시도청장에 보고
  ① 청장 제청 2개, 나머지는 장관 제청 【징계와 경정 신승면 2개는 청장 제청】
  ② 총경·경정 비상시 계급정년 연장 및 **경정** 신승면은 장관 제외하고 총리만 거침
【'경정'이 들어가는 대통령 임용 절차는 장관 빼고 총리만 거침】

👤 가족·친족 범위

1. 신고·제한되는 가족 범위(공직자의 이해충돌방지법) 【가사 수거부】

가족채용 제한	• 배우자, 직계혈족, 형제자매 • **생계를 같이하는** 직계혈족의 **배우자**
사적이해관계자 신고	• **생계를 같이하는 배우자**의 직계혈족 • **생계를 같이하는 배우자**의 형제자매
수의계약 체결	• 공직자 본인, 배우자 • 직계존·비속
직무관련자 **거래신고**	• **생계를 같이하는 배우자**의 직계존·비속
부동산 보유·매수 신고	• 공직자 본인, 배우자 • **생계를 같이하는** 직계존·비속 • **생계를 같이하는 배우자**의 직계존·비속

2. 가해자·피해자 사이에 구조금을 지급하지 않는 친족 범위(범죄피해자 보호법) 【배직4동】

① 부부(사실상의 혼인관계를 포함한다) ※ 배우자
② 직계혈족
③ 4촌 이내의 친족
④ 동거친족

3. 가정 구성원 범위(가정폭력처벌법) 【배직동】

① 배우자(사실상 혼인관계에 있는 사람을 포함한다. 이하 같다) 또는 배우자였던 사람
② 자기 또는 배우자와 직계존비속관계(사실상의 양친자관계를 포함한다. 이하 같다)에 있거나 있었던 사람
③ 계부모와 자녀의 관계 또는 적모(嫡母)와 서자(庶子)의 관계에 있거나 있었던 사람
④ 동거하는 친족

4. 경호 대상(대통령 등의 경호에 관한 법률)

갑호	① 대통령과 그 가족 ② 대통령 당선인과 그 가족 〈21채용〉 ③ 퇴임 후 10년 이내 전직 대통령과 그 배우자 　※ 임기 만료 전에 퇴임, 재직 중 사망: 5년 　　처장이 고령 등의 사유로 필요 인정 시 5년 내 연장 가능 ④ 대통령 권한대행과 그 배우자	경호처 담당
을호	① 퇴임 후 10년 경과 대통령(배우자 ×) ② 대통령 선거 후보자 ③ 국회의장, 대법원장, 헌법재판소장, 국무총리 【10년 후 의대헌총 경찰관리】	경찰 담당
병호	갑, 을 외에 경찰청장이 필요하다고 인정	

5. SOFA 협정 적용 가족(외사경찰)

① 미국 군대의 구성원 또는 군속의 배우자 및 21세 미만의 자녀 【21세기 소파】
② 생계비의 반액 이상을 미군이나 군속에 의존하는 부모, 21세 이상의 자녀, 친척

6. 사실혼 포함

공직자윤리법	재산 등록 대상이 되는 배우자(사실혼 포함)
가정폭력처벌법	가정구성원의 배우자(사실혼 포함)
범죄피해자 보호법	범죄로 피해를 당한 사람과 그 배우자(사실혼 포함) 〈22채용〉

박문각
경 찰

두문자로 쏙쏙 암기하는
아름다운 **두**문자 **스**토리 **경찰학!**

숫자 모음

03 | 숫자 모음

👤 2회

- 국가경찰위원회 정기회는 매월 2회 위원장이 소집 【국경 관세청 정리(2)】
- 시·도경찰청장은 소속 지역경찰의 정원 충원 현황을 연 2회 이상 점검
- 언론중재위원회에 신청인 2회(3회 ✕) 불출석시 취하간주, 언론사 2회(3회 ✕) 불출석 시 합의간주
- 국가보안법에서 참고인 2회 소환 불응 시 구속영장으로 구인 가능
- 각급기관의 장은 연 2회 비밀 소유 현황을 국가정보원장에게 통보
- 경감 근속 대상자의 40%만 승진(40% 초과 불가)하며, 연 2회 실시

👤 3회

- 경비에서 불법 집회시위 해산 시 3회 해산명령(자진해산 요청은 1번)【요청은 1번, 명령은 3번】
- 음주측정기는 연 3회, 음주감지기는 연 2회 검·교정【음주측정기는 세(3)게 불어야】
- 100Km 초과 속도위반 3회 이상 시 면허취소, 1년 이하 징역 또는 500만원 이하 벌금
- 1시간 내에 3회 이상 최고소음도 기준 초과 시 소음기준을 위반한 것으로 본다.
- 음주운전으로 인한 면허취소·정지 감경 제외 : 5년 이내에 인적피해 3회 이상 교통사고 전력이 있는 경우
- 무면허운전 3회 이상인 경우 2년간 운전면허 발급기간 제한
- 인권위원회 임의적 해촉사유 : 특별한 사유 없이 연속으로 정기회의에 3회 불참
- 월 3회를 초과하여 대가를 받고 외부강의 등을 하려는 경우에는 미리 소속 기관장의 승인

👤 1시간

- 화약류 운반시 출발 1시간 전까지 발송지 관할 경찰서장에 신고
- 지휘관의 지휘선상 근무는 1시간 이내 지휘·현장 근무 가능한 장소 위치
- 필수요원은 비상소집 시 1시간 내 응소 ※ 일반요원은 2시간 내
- 교통안전교육은 운전면허 학과시험 전에 받는 1시간 안전교육
- 상반되는 집회가 중복된 경우 먼저 접수한 주최자는 집회 시작 1시간 전에 관할서장에게 통지
- SOFA 규정에 따라 미정부대표는 출석요구를 받은 때부터 1시간 내로 출석

👤 2시간

- 휴무일 등에 2시간 내 직무 복귀 어려운 지역으로 여행 시 소속 기관장에게 신고
- 필수요원을 제외한 일반요원은 비상소집시 2시간 내에 응소
- 감찰조사를 받는 대상자에게 2시간마다 10분 이상 휴식 보장
- 긴급자동차 교통안전운전 교육 : 신규는 3시간 이상 실시, 정기는 3년마다 2시간 이상 실시

👤 6시간

- 임의동행 시 6시간을 초과하여 경찰관서에 머물게 할 수 없다.
- 긴급출국금지 요청 후 6시간 이내 법무부장관에게 승인 요청 ⇨ 12시간 이내 미승인 시 해제
- 비상근무 해제 시 시·도경찰청장, 경찰서장은 6시간 이내에 바로 위의 상급 기관의 장에게 보고

👤 12시간

- 시체현상 초기에 각막은 12시간 후 흐려진다. ※ 24시간: 현저히 흐려짐, 48시간: 불투명
- 시체 굳음은 사후 2~3시간부터 시작하여 12시간 정도면 전신 경직
- 집회시위 신고서 보완은 접수증 교부한 때부터 12시간 내에 24시간 기한으로 요청 【보완시비】
- 긴급출국금지 승인요청한 때부터 12시간 이내 법무부장관 미승인 시 출국금지 해제

👤 24시간

- 경찰관서의 보호조치는 24시간 초과 금지 【강제로 정주자 24시간 동안】
- 총포, 도검류 등 습득 시 24시간 내 경찰관서 신고 【총포(four) 24】
- 긴급체포된 자의 물건에 대하여 24시간 내 영장 없이 압수·수색·검증 가능
- 체포·구속 통지는 체포·구속한 때로부터 24시간 내
- 호송중인 유치인 발병 시 24시간 내 치유가능 진단 있으면 치료 후 호송관서에서 계속 호송
- 행사장에 자체 경비원 배치 불가 시 행사 24시간 전에 시·도경찰청장에게 통지 요청 【행사 24】
- 차를 견인한 때부터 24시간 경과 시까지 인수하지 아니하는 때에는 운전자에게 등기우편 통지
- 집회시위 보완신고, 이의신청 재결서 발송, 시기를 놓친 경우 집회 신고, 철회신고 【이사철에】

👤 36시간

- 긴급통신제한 착수 후 36시간 내 법원 허가받지 못하면 즉시 중지

👤 48시간

- 장기실종 아동 등은 신고 후 48시간 경과한 아동 등 【장기실종 신사팔】
- 가정폭력 및 아동학대 사건에서 긴급임시조치 후 검사는 48시간 내 법원에 임시조치 청구
- 체포·구속 현장에서 압수·수색·검증한 경우에는 48시간 내 사후 영장을 청구
- 집회시위 신고서는 720시간 전 ~ 48시간 전 제출, 금지통고는 접수 후 48시간 이내

👤 72시간

- 아동학대 사건에서 응급조치 시간 【제인격통 추이】 ※ 임시조치 결정시까지 연장 가능
- 아동학대 사건에서 검사의 임시조치 청구시한은 응급조치는 72시간 내, 긴급임시조치는 48시간 내

👤 200시간

가정폭력사건, 아동학대사건, 스토킹사건에서 유죄판결 시 200시간 이내 수강·이수명령을 병과할 수 있다.

👤 500시간

아동청소년성범죄, 성폭력처벌법 위반 사건에서 유죄판결 시 500시간 이내 수강·이수명령을 병과하여야 한다.

👤 2일

초과사례금 받은 경우 안 날부터 2일 내 신고, 7일 내 반환 액수 공무원에 통지 【초과 이체】

👤 3일

- 감찰조사 출석통지서는 3일 전까지 도달(징계위원회 출석통지는 5일) 【징계 받으러 오삼(5,3)】
- 정정보도 청구 시 언론사 대표자는 3일 내 수용여부를 결정·통지 【수삼 정정】
- 제3자는 공개 청구된 정보가 자신과 관련 있다는 통지를 받은 날부터 3일 이내에 비공개 요청
- 피의자 등이 수사관을 기피신청한 경우 3일 내 기피사유를 서면으로 소명
- 교통안전시설을 훼손한 도로공사 시행자는 공사가 끝난 후 3일 내 원상복구 후 경찰서장에게 신고
- 외국인 승객이 관광 목적 상륙시 3일 이내 상륙허가 【크루즈는 3일이면 충분】
- 범죄인 인도심사 시 범죄인이 구속된 경우 검사는 3일 내 인도심사 청구, 법원은 2개월 내 인도심사
- 출국금지·정지 요청 기관장은 출국금지·정지 기간 만료 3일 전까지 법무부장관에게 기간 연장을 요청

👤 5일

- 즉결심판 구류 선고 시, 주소불명 도주 우려 있으면 5일 이내 경찰서 유치장 유치명령 【유치원 명령】
- 범칙금 납부: 천재지변으로 납부 불가시 사후 5일 이내 납부 【4후는 5】
- 공고문서 효력발생 시기: 고시나 공고한 날부터 5일 경과 【공고 문서는 oil 마를 때 효력발생】
- 외부강의 사례금 신고: 일부 내용을 알 수 없는 경우, 추후 안 날부터 5일 이내에 보완 【오일 보충】
- 징계위원회 출석통지서는 위원회 개최 5일 전까지 대상자에게 도달해야 한다.
- 고충심사일 5일 전까지 청구인 및 처분청에 통지

👤 6일

국회의원과 지자체 의원 및 장 선거기간(14일): 후보자 등록 마감일 후 6일 ~ 선거일

🔍 7일

- 권익위가 수사기관에 재조사 요구한 경우 수사기관은 재조사 후 7일 내 통보
- 초과사례금을 반환하지 아니한 공무원에게 7일 이내에 반환할 액수를 산정하여 통지
- 무기소지 적격심의위원회 개최 사유임에도 즉시 회수한 경우 7일 이내에 위원회를 개최
- 정정보도 청구를 수용하면 청구받은 날부터 7일 내 정정보도 게재 【횡단보도 정정은 칠(7)하는 것】
- 정보공개 결정에 대한 이의신청을 받은 날부터 7일 이내에 결정하여야 하고, 7일의 범위에서 연장 가능
- 국가경찰위원회 및 시·도자치경찰위원회는 재의요구를 받은 날부터 7일 이내에 재의결해야 한다.
- 행정조사 개시 7일 전까지 출석요구서등을 서면 통지 원칙(통계작성, 증거인멸 우려, 자발적 협조시 예외)
- 청문 개시 10일 전까지 당사자 등에 통지, 7일 전까지 주재자에게 통지 【청문 열(10)기, 1주-주재자】
- 즉결심판 피고인은 즉결심판 후 7일 이내에 경찰서장에게 청구서를 제출
- 사법경찰관은 사건경합에 따른 송치요구를 받은 날부터 7일 이내에 사건을 검사에게 송치
- 사법경찰관은 검사에게 사건을 송부한 날부터 7일 이내에 서면으로 고소인·고발인·피해자등에게 통지
- 유실물 습득 후 7일 내 반환 or 신고 【보상금 섭취 오이시(5 ~ 20%)】
- 운전면허증은 정지, 취소 등의 사유가 있을 시 사유 발생한 날로부터 7일 내 반납 【면허 땡칠이】
- 보안관찰 대상자는 출소 후 7일 내에 서장에게 신고 【출(7)소(3) 후 신고】
- 북한 방문 7일 전까지 남북교류협력시스템을 통해 '북한 방문승인 신청서'를 제출 【북두칠성】

🔍 10일

- 감사원/수사기관에서 조사개시 및 종료 시 10일 이내에 소속 기관장에 통보 【조사개십/종료십】
- 사례금 받는 외부강의는 사후 10일 내 신고(청탁금지법) 【열강은 10일 내 신고】
- 정보공개 신청 ⇨ 정보공개는 청구를 받은 날부터 10일 내 결정 【정보 열람 결정】
- 국가경찰위원회 의결 후 행안부 장관은 10일 내 재의요구 ⇨ 7일 내 재의결 통보 【장관 열일 요구, 치이네】
- 포상휴가 1회에 10일 이내 【열(10)심히 일한 당신 떠나라】
- 징계 출석요구 관보게재 : 게재일부터 10일 후 효력 【징괘씸】
- 임시영치
- 경찰청장등은 손실보상 결정일부터 10일 이내에 청구인에게 통지
- 경범·교통 범칙금 1차 납부기한(2차 - 20일 추가 - 20% 추가) 【1 - 10일, 2 - 20일 - 20%】
- 가정폭력·아동학대 사건에서 고소할 사람이 없는 경우에 이해관계인이 신청하면 검사는 10일 이내에 고소인을 지정하여야 한다.
- 시·도경찰청장은 정비상태 불량차에 대하여 10일 내 정비기간을 정하여 사용 정지 【일시(10) 정지】
- 집회·시위의 주최자는 금지 통고를 받은 날부터 10일 이내에 상급경찰관서의 장에게 이의 신청
- 피보안관찰자가 해외여행 또는 10일 이상 국내여행 시 신고 【해외나 시골여행 시 신고】
- 외국인 강제퇴거(추방) 10일 이내 보호(1차에 한하여 10일 연장)

🧑 14일

- 이해충돌방지법상 공직자는 14일 이내에 신고할 의무
- **공시송달**: 공고일부터 14일 지난 때에 효력 발생 【공시생 일사천리】
- 정정보도 협의 불성립시 14일 이내에 조정신청, 14일 이내 조정 결정 【식사 조정】
- 국회의원과 지자체 의원 및 장 선거기간 14일 대통령은 23일 【1234】
- 과태료 부과에 불복하는 이의제기를 받은 행정청은 이의제기를 받은 날부터 14일 이내 법원에 통보
- 행정청은 공청회 개최 14일 전까지 당사자 등에게 통지
- 공연장 외 장소에서 1천명 이상 관중 운집 예상시 공연 개시 14일 전까지 지자체장에 신고
- 사법경찰관은 검사로부터 미군의 재판권포기 요청 사실을 통보받은 날부터 14일 이내에 사건을 송치·송부

🧑 15일

- 국회에서 의결된 법률안은 정부에 이송되어 15일 이내에 대통령이 공포한다.
- 사고 기간이 15일 이하인 경우에는 직무대리 명령서의 발급을 생략할 수 있다.
- 경징계 의결 통지 또는 중징계 제청받은 임용권자는 15일 이내에 징계등을 집행해야 한다.
- 실종아동등 프로파일링시스템에 등록 후 1개월까지는 **15일에 1회**, 이후는 **분기 1회** 보호자에게 추적사항 통보

🧑 20일

- 법령(법률, 대통령령 등)은 공포한 날부터 20일 경과 후 효력발생
- 정보공개 청구 후 20일 경과 시까지 결정이 없는 경우 이의신청/행정심판/행정소송을 제기 가능
- 임시운전증명서 유효 20일(정지·취소 시 40일), 경찰서장은 1회 한하여 20일 연장·

👤 30일

- 인권침해 가능성 높은 집회·시위 종료일로부터 30일 내 인권영향평가 실시【삼육반점평가】
- 국민의 권리제한·의무부과 관련 법령은 공포 30일 후 시행되도록 해야 한다(법령 등 공포에 관한 법률).
- 휴직 사유가 없어지면 30일 내 신고하고, 임용권자는 지체없이 복직 명령
- 부정청탁금지법에서 수사기관 결과 통보 시 권익위는 30일 내 재조사 요구
- 고위공직자 민간부문 활동 내역을 임용되거나 임기 개시한 날부터 **30일 이내에** 소속기관장에게 제출
- 신규도입 장비 안전성 검사 시 외부 전문가는 검사 종료 후 30일 내 경찰청장에 의견 제출
- 국회의 예산안 의결기한은 회계연도 개시 30일 전까지
- 제3자의 정보 비공개신청에도 공개 결정할 때에는 결정일과 실시일 사이에 30일 간격 유지
- 재난상륙(조난), 긴급상륙(질병)은 30일간 상륙허가【삼재긴】
  ※ 의무위반 민원 접수 시 2개월, 타기관으로부터 통보 받으면 1개월 내 감찰조사 처리
- 징계위원회는 30일 이내에 의결, 의결을 요구한 경찰기관장의 승인을 받아 30일 이내 연기 가능
- 다른 기관으로부터 통지를 받으면 30일 내 징계 요구(소속 경찰관이면 지체없이 요구)
- **징계 의결 기간: 30 + 30, 소청 의결기간: 60 + 30, 고충심사: 30 + 30**
- 통신제한조치 또는 통신사실 확인자료를 제공받은 사건은 기소, 불기소(기소중지·참고인중지 제외), 불송치(수사중지 제외), 내사사건 불입건 처분을 한 경우 30일 이내에 그 대상자에게 서면 통지하여야 한다.

👤 40일

행정상 입법예고: 40일 이상, 자치법규 입법예고 및 행정예고: 20일 이상

👤 60일

- 국민권익위원회로부터 사건 이첩 받은 감사원, 수사기관은 60일 내 조사 종결, 연장 시 위원회 통보
- 제·개정하려는 법령 및 행정규칙을 경찰위원회 상정 60일 전 인권영향평가 실시【삼육반점평가】
- 소청 심사는 지체 없이, 의결은 60일
- 보안관찰 결정에 불복 시 60일 내 서울고등법원에 행정소송
- 과태료 부과 시 60일 내 이의제기【이의제기 불공】

🧑‍💼 90일

- 행정심판청구는 처분이 있음을 안 날부터 90일 이내 또는 처분이 있었던 날부터 180일 이내에 청구
- 검사는 불송치 사건에 대하여 재수사를 요청하려는 경우에는 송부받은 날부터 90일 이내에 해야 한다.
- 관계기관의 장은 외국인테러전투원으로 출국하려는 자에 대하여 90일간 출국금지 요청
- 외국인은 입국한 날부터 90일 초과 체류 시 외국인등록 **【구식(90) 된 외국인 등록】**
- 한국에서 출생 시 출생 일부터 90일 이내에 체류자격 받아야 한다. **【출생도 입국】**
- 난민 임시상륙은 90일간 허가 **【난닝구(난민구)】**

🧑‍💼 120일

예산안은 기재부장관이 대통령 승인받아 120일 전에 국회 제출

☷ 1월

- 공직자윤리위원회는 신고기간 만료 후 1개월 내 관보·공보 게재하여 공개
- 감독자 부임기간이 1개월 미만인 경우는 징계 시 감독자 책임 참작
- 피보안관찰자 도주, 1개월 이상 소재 불명 시 집행중지

☷ 2월

- 감찰관은 소속공무원의 의무위반사실에 대한 민원을 접수한 경우 접수일로부터 2개월 내에 처리하여야 한다.
- 정기평정 이후에 신규채용 또는 승진임용된 경우 2개월이 지난 후부터 평정
- 재산 등록의무자가 된 날부터 2개월이 되는 날이 속하는 달의 말일까지 재산등록
- 범죄수사목적 통신제한 기간은 2월(기본) + 2월(연장), 연장 총 1년(내란·외환죄 등은 총 3년)
- 보안관찰처분대상자는 교도소등의 장을 경유하여 출소 2개월까지 거주예정지 관할경찰서장에게 신고
- 범죄인이 인도구속영장에 의하여 구속된 때에, 법원은 2개월 이내에 인도심사에 관한 결정을 하여야 한다.

☷ 3월

- 전시·사변에서 공무원 생사·소재 불명 시 3개월 기간 이내 직권휴직 【생사·소재불상】
- 강등은 3개월, 정직은 1 ~ 3개월 동안 보수 전액 감액, 감봉은 1 ~ 3개월 동안 보수의 1/3 감액
- 능력/성적 부족으로 직위해제 시 3개월 이후에도 개선 불가 시 징계위원회 동의 얻어 직권면직
- 재징계의결등은 소청위 결정이나 법원 판결이 확정된 날부터 3개월 이내에 요구하여야 한다.
- **정정보도 청구, 조정 신청: 보도를 안 날부터 3월, 발생한 지 6월 이내 【인삼발육 정정】**
- 경찰청장은 신규도입 장비 안전성 검사 후 3개월 내 국회 소관 상임위에 결과보고서 제출
- 112신고 접수 및 무선지령내용 녹음자료는 24시간 녹음하고 3개월간 보존
- 유실물 공고 6개월 후 소유권 취득, 3개월 내 그 물건 미수령 시 소유권 상실 【소육권 삼실】
- 집단민원현장에 20명 이상 경비원 배치 시 발생 3개월 전까지 고용한 경우 외에는 경비업자에 도급
- 피보안관찰자는 3개월마다 정기신고
- 신분비공개 및 신분위장수사는 3개월 이내에서 수사(신분위장수사는 3개월 범위 내에서 연장 가능)
- 스토킹범죄에 대한 잠정조치는 3개월 이내에서(2회 연장 가능, 총 9개월)
- 고소·고발 수사기간은 3개월, 수사기일 연장은 '소속 수사부서장'의 승인
- 사법경찰관은 보완수사요구가 접수된 날부터 3개월 이내에 보완수사를 마쳐야 한다.
- 지방출입국·외국인관서의 장은 강제퇴거명령을 받은 사람을 보호할 때 그 기간이 3개월을 넘는 경우에는 3개월마다 미리 법무부장관의 승인을 받아야 한다.

4월

국가안보목적 통신제한 기간은 4월(기본) + 4월(연장)

6월

- 감찰기간은 6개월 범위 내에서 감찰부서장이 정하며, 감찰부서장의 승인을 받아 6개월 연장 가능
- 6개월 이상 장기요양이 필요한 질병이 있는 경우는 임용유예 가능
- **승진·승급 제한**: 강정 18월, 감봉 12월, 견책 6월, + 금성소음 6월 추가 **【금성소음 6개월 추가 AS】**
- 휴직·직위해제 등의 사유로 6개월 이상 근무하지 아니한 자는 평정하지 아니한다.
- 청원경찰의 직권남용은 청원경찰법에 의하여 6개월 이하의 징역이나 금고
- 성매매행위자에 대한 보호처분 기간은 6개월을 초과할 수 없다.
- 성범죄 등록자는 6개월 이상 해외 체류 예정 시 미리 경찰에 신고
- 조사에 착수한 후 6개월 이내에 수사절차로 전환하지 않은 사건은 불입건 결정 지휘
- 집회시위 소음규제 관련 경찰 조치를 거부, 방해한 경우 6개월 이하 징역 또는 50만원 벌·구·과
- **질서 유지선 침범, 손괴 등**: 6개월 이하 징역 또는 50만원 벌·구·과
- 여권 발급 후 6개월이 지날 때까지 그 여권 미수령 시 여권 효력 상실

1년

- 국가수사본부장 외부임용시 국가기관, 공무원, 판사, 검사로 퇴직한 날부터 1년이 지나지 않은 사람은 결격
- 현재 경과를 부여받고 1년이 지나지 아니한 사람은 전과 불가(특정분야 근무 조건으로 채용시 5년)
- 순경에서 경위까지 승진소요 최저근무연수는 1년(경감·경정은 2년, 총경은 3년)
- 보수 부정수령시 수령금액의 5배 범위에서 징수할 수 있으며, 성과상여금을 부정수령시 그 해당금액을 징수하고 1년의 범위에서 성과상여금을 지급하지 아니한다.
- 과태료 징수유예는 1년의 범위에서 가능(법), 시행령에서는 9개월 이내, 3개월 연장으로 규정
- 법원의 결정이 있는 경우에는 1년 이내에 과태료를 정정부과 하는 등 필요한 처분을 할 수 있다.
- 행정청은 위반행위 후 5년이 지나면 제재처분을 할 수 없지만, 행정심판 재결 또는 법원 판결에 따라 제재처분이 취소·철회된 경우에는 그 확정된 날부터 1년(합의제행정기관은 2년) 내에 새로운 제재처분을 할 수 있다.
- 1년 이내 전보 제한이 기본, 감사·감찰관은 2년, 전문직위는 3년 내 전보 제한
- 병(장애)으로 장기요양 사유 직권휴직은 1년 + 1년(연장)
- **경찰관 직권남용**: 1년 이하의 징역이나 금고(경직법), 벌금형 없음.
- 행정소송은 안 날부터 90일, 있은 날부터 1년 이내에 제기

- 112신고 접수처리 입력자료는 1년간 보존
- 총포도검화약류 제조업자, 판매업자, 화약류저장소설치자는 허가 받은 날부터 1년 이내에 검사
- 특수·대형 면허는 19세 이상인 자로서 자동차 운전경험(이륜차 제외)이 1년 미만인 자는 결격
- 외국발행 국제운전면허증은 입국한 날부터(발행한 날 ×) 1년간 유효
- 연습운전면허는 시·도경찰청장이 발급하며 1년간 효력(운전 지도는 2년 이상 경력자)
- 정기적성검사 불합격 또는 적성검사기간만료일 다음날부터 1년 초과 시 면허취소
- 정착지원시설 보호기간은 1년 이내로 하고, 거주지 보호기간은 5년으로 한다.
- 대한민국 국적을 취득한 외국인은 1년 내에 그 외국 국적을 포기해야 함.
- 범죄인 인도법의 인도대상 범죄는 사·무·장 1년 이상 범죄에 한함. 【최소주의는 가장 적은 1년】

👤 2년

- 경찰청장·국수본부장 임기는 2년, 중임 불가
- 감찰관은 2년 내 보인 의사 반한 전보 금지, 2년마다 적격심사 실시
- 수사경과 : 2년간 연속 수사부서 전입 기피 시 임의적 해제사유
- 임용 결격 : 한복 후파 자선파, 공무원 영삼이(횡령, 300만, 2년) 미성년, 성백만세(성, 100만, 3년)
- 계급정년은 전시·사변, 비상사태에서 2년 범위 내 연장(특수부문 총경·경정은 4년) 【특사비리】
- 채용후보자 명부는 2년 유효, 1년 연장 가능(경찰공무원법)
- 112요원의 근무기간은 2년 이상으로 한다.
- 초보운전자는 운전면허를 받고 2년이 지나지 않은 사람
- 모범운전자는 2년 이상 사업용 자동차로 무사고자 또는 무사고운전자·유공운전자 표시장을 받은 사람
- 연습면허는 1년간 효력이 있으며, 운전경력 2년 이상인 사람의 지도를 받아야 한다.
- 2년간 공소 보류 【두어보아】
- 보안관찰처분대상자는 금고 3년 이상 실험을 받은 사람, 보안관찰 처분은 2년마다 갱신(횟수 무제한)
- 여권발급거부자 : 장기 2년 이상의 죄로 인하여 기소된 자 【이기소 (암) 3기중 외국에서】
- 인터폴 적색수배 대상 : 장기 2년 이상 징역·금고에 해당하는 죄 【이년 체포다】

👤 3년

- 1회 100만원, 1년(매 회계연도) 300만원 초과 금품등 수수·요구·약속시 3년 이하 징역(3천만원 이하 벌금)
- 고위공직자 임용 전 3년 이내 민간부문 활동 내역 제출, 퇴직 후 3년까지 비밀·미공개 정보 활용 제한
- 경찰청 감사주기는 1~3년
- 국가경찰위원회 : 경찰/검사/국정원/군인/당적이탈/선거직 퇴직 후 3년, 임기 3년 연임불가
- 자치경찰위원회 : 경찰/검사/국정원/군인/당적/선거직/공무원 퇴직 후 3년, 임기 3년 연임불가

- 국가수사본부장 : 【국공판검변조 10년, 합산 15년】【당선 (퇴직) 3년, 국공판검 (퇴직) 1년 경과자】
- 직권휴직 : 공무상 질병·부상은 3년 + 2년 【공상 − 공삼】
- 의원휴직 중 돌봄 휴직은 1년 단위씩, 재직 중 총 3년 가능
- 요양급여, 부조급여, 재활급여, 간병급여는 3년, 그 외는 5년 소멸시효 【요부재간은 짧다】
- 경직법에서 살수차, 분사·최루탄, 무기 사용 기록부 3년 보관 【살수 분무 기록 3년 보관】
- 손실보상 소멸시효 : 안 날 3년, 발생 5년 【손실보상은 안심! 바로됨】
- 징계 소멸시효 : 발생 3년, 금품 관련 5년 【소멸은 모두 3,5와 관련】
- 보수·연금 소멸시효 : 보수는 3년, 연금은 5년 【보수는 짧고 연금은 길다】
- 재산 등록의무자는 퇴직일부터 3년간 퇴직 전 5년간 소속한 부서의 밀접 관련 기관 취업금지
- 지역경찰 근무일지는 3년간 보관
- 통신제한조치 집행자, 위탁·협조자는 관련 대장을 3년 비치
- 운전면허 갱신 : 65세 ~ 75세 미만인 사람은 5년마다, 75세 이상은 3년마다 갱신
- 음주운전 처분 감경 : 모범운전자로서 처분 당시 3년 이상 교통봉사 활동에 종사하는 경우
- 음주치사(스쿨존 어린이 치사) 처벌 : 무기, 3년 이상, 벌금형 없음.
  【3년상 치르는 마음으로 속죄】
- 보안관찰 대상자 : 보안관찰 해당범죄로 합계 금고 3년 이상, 일부라도 실형받은 자
- 통일부장관은 북한이탈주민 보호 및 정착지원에 관한 기본계획을 3년마다 수립
- 북한이탈주민 국내 3년 경과자는 보호대상자 제외 가능
- 난민여행증명서의 유효기간은 3년

4년

수사·정보·외사·보안·자치경찰 등 특수부문의 총경·경정은 4년 범위에서 계급정년 연장 가능

5년

- 인권정책 기본계획은 5년, 인권교육종합계획은 3년, 인권교육계획(각 관서장)은 매년마다 수립
- 수사경과 유효기간 5년, 5년간 연속 비수사부서 근무 시 필수적 해제사유 【청부인오갱】
- 채용시험 등에서 부정행위한 자는 5년간 시험응시 자격 정지 【오랫동안 제재】
- 소청위 자격 : 3급 이상 또는 고공단 3년 이상, 부·법·검·변 5년 이상 【소 삼겹살 부오】
- 중기사업계획서 : 5년 이상 신규 사업을 대상으로 함. 【4up】
- 비밀접수증, 비밀열람기록전, 배부처는 비밀 보호기간이 만료되면 비밀에서 분리하여 5년간 보관
- 정치관여 시 5년 이하의 징역과 5년 이하의 자격정지(공소시효 10년)(경찰공무원법)
- 경비업법 허가 유효기간 : 5년 【경비옷(업)은 5년마다 갱신】

- 과태료 미부과, 미징수 소멸시효 : 5년【과오, 오랫동안 미집행하면 소멸】
- 대통령과 그 가족은 당선인부터 퇴임 10년까지(5년 더 연장 가능) 경호처 담당
- 외국인테러전투원으로 가입한 사람은 5년 이상 징역
- **음주운전 감경 제외사유** : 5년 내 인피사고 3회 또는 음주운전【망년회 인삼주】
- 군인 · 검사 · 경찰관이 집회 시위를 방해할 경우 5년 이하 징역
- 국가보안법에서 5년 내 특정범죄 재범시 최고법정형이 사형
- 북한이탈주민 정착지원시설은 1년 이내, 거주지 및 신변보호는 5년【한국 오(5)면 5년간 보호】
- 강제퇴거명령을 받고 출국한 후 5년이 지나지 아니한 사람은 입국금지

👤 7년

- 영업으로 성매매 알선 등 행위자(포주) 7년 이하 징역 또는 7천만원 이하 벌금
- 카메라등 이용 촬영 또는 그 촬영물을 의사에 반하여 반포한 자는 7년 이하 징역(5천만원 이하 벌금)
- 아동청소년 성매매 대가를 받거나 **업**으로 성매매 장소를 제공하는 포주는 7년 이상 징역【7up】
- 아청법에서 피해자, 보호자에 대한 합의 강요는 7년 이하 징역【합치 강요】
- 백골화에 걸리는 기간 : 성인은 7 ~ 10년, 소아는 4 ~ 5년【성철소사】

👤 10년

- 국가수사본부장 자격은 수사 등 경력 10년 이상, 합산 15년 이상
- 징계 소멸시효는 3년(일반적 사유), 5년(징계부가금 사유), 10년(성과 관련된 사유)
- 정치운동 금지 위반의 공소시효는 형사소송법에 불구하고 10년으로 한다(경찰공무원법).
- **특정 성폭력 범죄의 공소시효 10년 연장** : DNA 등 과학적인 증거가 있을 때
- 발견된 지적 · 자폐 · 정신 장애인, 치매환자는 수배해제 후 10년간 자료 보존
- 퇴임 후 10년 경과 대통령은 을호 경호대상으로 경찰 관리【10년 후 의대헌총 경찰관리】

🧑‍💼 나이 정리

13세 미만	도교법, 교특법	어린이	
10세~14미만	촉법소년	우범소년 : 10세~19세 미만, 범죄소년 : 14세~19세 미만	
15세 이상	근로기준법	근로 사용가능	
16세 이상	도로교통법	원동기장치자전거 면허	
18세 미만	소년법	소년법에 의한 소년은 19세 미만이지만 형벌과 관련한 특례는 18세 미만에만 적용	**처벌 관련**
	• 실종아동보호법 • 아동복지법	• **실종아동**(**실종** 당시 18세 미만), 학대아동 • **장기** 실종아동(**신고** 기준 **48**시간 경과) 【아실 가신당, 장기 실종 신사팔】	아동
	직업안정법	청소년유해업소 소개금지, 고용시 연령증명서 + 동의서	
18세 이상	모든 형사 **처벌**	사형, 무기 선고, 노역장 유치, 경범죄 통고처분 가능 ※ 과태료 : 14세 이상	
	실종·가출인규칙	**가출인**(**신고** 당시 18세 이상)	18세 **처가** 감질(나게) 선경보
	국민감사청구	300명 이상의 연서로 **감사원**에 감사 청구	
	집시법	**질서유지인**	
	공직선거법	대통령, 국회의원 **선거권**	
	청원경찰법	청원 **경찰**	
	경비원법	**경비원**, **경비**지도사	
	도로교통법	**보통**(1·2종) 운전면허	
19세 이상	도로교통법	**특수**, **대형** 운전면허	만 19세	19세 **특대유청**
	피의자 유치 및 호송 규칙	**유치인** 분리수감	만 19세	
	• **영화비디오진흥법** • **게임산업진흥법** • **음악산업진흥법** • **공연법** • **청소년 보호법** • **아청성 보호법**	**청소년** ※「영화 및 비디오물의 진흥에 관한 법률」 상 청소년은 24.5.1.부터 적용	연 19세	
65세 이상	도교법	65세 이상 면허증 5년 갱신(75세 이상은 3년)	
75세 이상	도교법	75세 이상 '노화와 안전운전' 등에 관한 교통안전교육	

🧑 외사경찰 나이 정리

외국인 등록증	17세 이상 발급 【시차(17) 적응되면】
외국인 여권휴대	17세 이상 의무, 위반 시 100만원 이하 벌금
외국인 지문제공	17세 이상
한국인 여권	**27세 미만 미혼 자녀**: 관용 여권 동반자 가능 【**관용** 여권이 27세 미만까지 가장 많은 **관용**을 베품】
일반 귀화	5년 이상 거주 성년(만 19세 이상)
외국인 선거권	• 영주자격 취득 후 3년 경과한 18세 이상 • 지자체장/의원 선거권 있음(국회의원 · 대통령 ×)
SOFA 대상자 가족의 범위	배우자, **21세 미만 자녀**, 21세 이상 자녀라도 생계비의 반액 이상을 군인, 군속에 의존하는 자 【**21세기 소파**】

MEMO

박문각
경   찰

두문자로 쏙쏙 암기하는
아름다운 **두**문자 **스**토리 **경찰학!**

CHAPTER
04

할 수 있다 / 해야 한다

04 | 할 수 있다 / 해야 한다

제3장 경찰조직법

행정권한의 위임 및 위탁에 관한 규정

제3조(위임 및 위탁의 기준 등) ② 행정기관의 장은 행정권한을 위임 및 위탁할 때에는 위임 및 위탁하기 전에 수임기관의 수임능력 여부를 점검하고, **필요한 인력 및 예산을 이관하여야 한다.** 〈20경간, 19 · 21승진〉

제6조(지휘 · 감독) 위임 및 위탁기관은 수임 및 수탁기관의 수임 및 수탁사무 처리에 대하여 지휘 · 감독하고, 그 처리가 **위법하거나 부당**하다고 인정될 때에는 이를 **취소하거나 정지시킬 수 있다.** 〈21승진, 20경간, 18 · 21 · 23채용〉

제9조(권한의 위임 및 위탁에 따른 감사) 위임 및 위탁기관은 위임 및 위탁사무 처리의 적정성을 확보하기 위하여 필요한 경우에는 수임 및 수탁기관의 수임 및 수탁사무 처리 상황을 **수시로 감사할 수 있다.** 〈20경간, 18채용〉

제4장 경찰공무원과 법

경찰공무원법

제7조(임용권자) ③ 경찰청장은 대통령령으로 정하는 바에 따라 경찰공무원의 임용에 관한 권한의 일부를 특별시장 · 광역시장 · 도지사 · 특별자치시장 또는 특별자치도지사(이하 "시 · 도지사"라 한다), 국가수사본부장, 소속 기관의 장, 시 · 도경찰청장에게 **위임할 수 있다.** 〈19 · 20채용, 17승진〉

이 경우 시 · 도지사는 위임받은 권한의 일부를 대통령령으로 정하는 바에 따라 「국가경찰과 자치경찰의 조직 및 운영에 관한 법률」 제18조에 따른 시 · 도자치경찰위원회(이하 "시 · 도자치경찰위원회"라 한다), 시 · 도경찰청장에게 다시 **위임할 수 있다.**

제13조(시보임용) ③ 시보임용기간 중에 있는 경찰공무원이 **근무성적 또는 교육훈련성적이 불량**할 때에는 「국가공무원법」 제68조 및 이 법 제28조에도 불구하고 **면직시키거나 면직을 제청할 수 있다.** 〈16채용〉

경찰공무원임용령

제4조(임용권의 위임 등) ① **경찰청장은** 법 제7조제3항 전단에 따라 특별시장 · 광역시장 · 특별자치시장 · 도지사 또는 특별자치도지사(이하 "**시 · 도지사**"라 한다)에게 해당 특별시 · 광역시 · 특별자치시 · 도 또는 특별자치도(이하 "시 · 도"라 한다)의 자치경찰사무를 담당하는 경찰공무원[「국가경찰과 자치경찰의 조직 및 운영에 관한 법률」 제18조제1항에 따른 시 · 도자치경찰위원회(이하 "시 · 도자치경찰위원회"라 한다), 시 · 도경찰청 및 경찰서(지구대 및 파출소는 제외한다)에서 근무하는 경찰공무원을 말한다] 중 경정의 전보 · 파견 · 휴직 · 직위해제 및 복직에 관한 권한과 경감 이하의 **임용권(신규채용 및 면직에 관한 권한은 제외한다)을 위임한다.**

② **경찰청장은** 법 제7조제3항 전단에 따라 **국가수사본부장에게** 국가수사본부 안에서의 경정 이하에 대한 **전보권을 위임한다.**

③ 경찰청장은 법 제7조제3항 전단에 따라 경찰대학 · 경찰인재개발원 · 중앙경찰학교 · 경찰수사연수원 · 경찰병원 및 시 · 도경찰청(이하 "소속기관등"이라 한다)의 장에게 그 소속 경찰공무원 중 경정의 전보 · 파견 · 휴직 · 직위해제 및 복직에 관한 권한과 경감 이하의 임용권을 위임한다. 〈20채용, 19경간〉

④ 제1항에 따라 임용권을 위임받은 **시 · 도지사**는 법 제7조제3항 후단에 따라 경감 또는 경위로의 승진임용에 관한 권한을 제외한 임용권을 **시 · 도자치경찰위원회**에 다시 **위임한다.**

⑤ 제4항에 따라 임용권을 위임받은 **시 · 도자치경찰위원회**는 시 · 도지사와 시 · 도경찰청장의 의견을 들어 그 권한의 일부를 **시 · 도경찰청장**에게 다시 **위임할 수 있다.**

⑥ 제3항 및 제5항에 따라 임용권을 위임받은 **시 · 도경찰청장**은 소속 경감 이하 경찰공무원에 대한 해당 경찰서 안에서의 전보권을 **경찰서장**에게 다시 **위임할 수 있다.** 〈20채용〉

⑦ **경찰청장은 수사부서에서 총경을 보직하는 경우에는 국가수사본부장의 추천을 받아야 한다.**

⑧ **시 · 도자치경찰위원회는 임용권을 행사하는 경우에는 시 · 도경찰청장의 추천을 받아야 한다.**

⑨ 시 · 도경찰청장 및 경찰서장은 **지구대장 및 파출소장을 보직하는 경우에는 시 · 도자치경찰위원회의 의견을 사전에 들어야 한다.**

⑩ 소속기관등의 장은 **경감 또는 경위를 신규채용하거나 경위 또는 경사를 승진**시키려면 미리 경찰청장의 **승인을 받아야 한다.** 〈21경간〉

⑪ 제1항부터 제6항까지의 규정에도 불구하고 **경찰청장은** 경찰공무원의 **정원 조정, 승진임용, 인사교류 또는 파견**을 위하여 필요한 경우에는 **임용권을 행사할 수 있다.** 〈20채용〉

제18조의2(임용 또는 임용제청의 유예) ① 임용권자 또는 임용제청권자는 채용후보자 명부에 등재된 채용후보자가 다음 각 호의 어느 하나에 해당하는 경우에는 채용후보자 명부의 유효기간의 범위에서 기간을 정하여 임용 또는 임용제청을 **유예할 수 있다.** 다만, 유예기간 중이라도 그 사유가 소멸한 경우에는 임용 또는 임용제청을 **할 수 있다.** 〈23승진, 22채용〉

1. 「병역법」에 따른 병역복무를 위하여 징집 또는 소집되는 경우
2. 학업을 계속하는 경우
3. 6개월 이상의 장기요양이 필요한 질병이 있는 경우
4. 임신하거나 출산한 경우
5. 그 밖에 임용 또는 임용제청의 유예가 부득이하다고 인정되는 경우

제20조(시보임용경찰공무원) ① 임용권자 또는 임용제청권자는 시보임용 기간 중에 있는 경찰공무원(이하 "시보임용경찰공무원"이라 한다)의 근무사항을 항상 **지도 · 감독하여야 한다.** 〈24승진〉

② 임용권자 또는 임용제청권자는 시보임용경찰공무원이 다음 각 호의 어느 하나에 해당하여 정규 경찰공무원으로 임용하는 것이 부적당하다고 인정되는 경우에는 제3항에 따른 정규임용심사위원회의 심사를 거쳐 해당 시보임용경찰공무원을 면직시키거나 면직을 **제청할 수 있다.** 〈24승진〉

1. 징계사유에 해당하는 경우
2. 제21조제1항에 따른 교육훈련성적이 만점의 60퍼센트 미만이거나 생활기록이 극히 불량한 경우
3. 「경찰공무원 승진임용 규정」 제7조제2항에 따른 제2 평정 요소의 평정점이 만점의 50퍼센트 미만인 경우

국가공무원법

제12조(소청심사위원회의 심사) ③ **소청심사위원회가** 소청 사건을 심사하기 위하여 징계 요구 기관이나 관계 기관의 **소속 공무원을 증인으로 소환하면 해당 기관의 장은 이에 따라야 한다.**

제59조의2(종교중립의 의무) ② 공무원은 소속 상관이 종교중립의 의무에 위배되는 직무상 명령을 한 경우에는 이에 따르지 **아니할 수 있다.** 〈18법학〉

제73조의3(직위해제) ① 임용권자는 다음 각 호의 어느 하나에 해당하는 자에게는 직위를 부여하지 아니할 수 있다. (이하 생략)

② 제1항에 따라 직위를 부여하지 아니한 경우에 그 사유가 소멸되면 임용권자는 **지체 없이 직위를 부여하여야 한다.** 〈23채용〉

제76조의2(고충 처리) ③ 중앙인사관장기관의 장, 임용권자 또는 임용제청권자는 기관 내 성폭력 범죄 또는 성희롱 발생 사실의 신고를 받은 경우에는 지체 없이 사실 확인을 위한 조사를 하고 그에 따라 **필요한 조치를 하여야 한다.** 〈22승진〉

제83조(감사원의 조사와의 관계 등) ① **감사원에서 조사 중인 사건에 대하여는** 제3항에 따른 조사개시 통보를 받은 날부터 징계 의결의 요구나 그 밖의 **징계 절차를 진행하지 못한다.**
② 검찰·경찰, 그 밖의 수사기관에서 **수사 중인 사건에 대하여는** 제3항에 따른 수사개시 통보를 받은 날부터 징계 의결의 요구나 그 밖의 징계 절차를 진행하지 **아니할 수 있다.**

경찰공무원 징계령

제9조(징계등 의결의 요구) ① 경찰기관의 장은 **소속 경찰공무원**이 다음 각 호의 어느 하나에 해당할 때에는 **지체 없이 관할 징계위원회를 구성하여 징계등 의결을 요구하여야 한다.**
④ 경찰기관의 장이 징계등 의결 요구 또는 그 신청을 할 때에는 **중징계 또는 경징계로 구분하여 요구하거나 신청하여야 한다.** 다만, 「감사원법」 제32조제1항 및 제10항에 따라 **감사원장이** 「국가공무원법」 제79조에 따른 징계의 종류를 구체적으로 지정하여 징계요구를 한 경우에는 **그러하지 아니하다.**

제16조(징계등의 정도) 징계위원회는 징계등 사건을 의결할 때에는 징계등 심의 대상자의 비위행위 당시 계급 및 직위, 비위행위가 공직 내외에 미치는 영향, 평소 행실, 공적(功績), 뉘우치는 정도나 그 밖의 정상과 징계등 의결을 요구한 자의 **의견을 고려해야 한다.** 〈17·21채용〉

성희롱·성폭력 근절을 위한 공무원 인사관리규정(대통령령)

제3조(성희롱·성폭력 발생 사실의 신고) 행정부 소속 국가공무원(이하 "**공무원**"이라 한다)은 **누구나** 공직 내 성희롱 또는 성폭력 발생 사실을 알게 된 경우 그 사실을 임용권자 또는 임용제청권자(이하 "임용권자등"이라 한다)에게 **신고할 수 있다.** 〈21승진〉

제4조(사실 확인을 위한 조사) ① 임용권자등은 제3조에 따른 신고를 받거나 공직 내 성희롱 또는 성폭력 발생 **사실을 알게 된 경우**에는 지체 없이 그 사실 확인을 위한 **조사를 하여야 하며,** 수사의 **필요성이 있다고 인정하는 경우 수사기관에 통보하여야 한다.** 〈21승진〉
③ 임용권자등은 제1항에 따른 조사 기간 동안 피해자등이 요청한 경우로서 피해자등을 보호하기 위하여 **필요하다고 인정하는 경우** 그 피해자등이나 성희롱 또는 성폭력과 관련하여 가해 행위를 했다고 신고된 사람에 대하여 근무 장소의 변경, 휴가 사용 권고 등 **적절한 조치를 하여야 한다.** 〈21승진〉

제5조(피해자 또는 신고자의 보호) ② 임용권자등은 성희롱 또는 성폭력 발생 사실을 신고한 사람(이하 "**신고자**"라 한다)이 그 신고를 이유로 집단 따돌림, 폭행 또는 폭언으로 인한 정신적·신체적 피해를 호소하는 경우에는 제1항 각 호의 어느 하나에 해당하는 **조치를 할 수 있다.** 다만, 임용권자등은 신고자의 의사에 반하여 조치를 하여서는 아니 된다. 〈21승진〉

제6장 경찰관직무집행법

경찰관 직무집행법

제3조(불심검문) ① 경찰관은 다음 각 호의 어느 하나에 해당하는 사람을 정지시켜 **질문할 수 있다.** 〈24승진〉

    1. 수상한 행동이나 그 밖의 주위 사정을 합리적으로 판단하여 볼 때 어떠한 죄를 범하였거나 범하려 하고 있다고 의심할 만한 상당한 이유가 있는 사람

    2. 이미 행하여진 범죄나 행하여지려고 하는 범죄행위에 관한 사실을 안다고 인정되는 사람

  ③ 경찰관은 제1항 각 호의 어느 하나에 해당하는 사람에게 질문을 할 때에 그 사람이 **흉기를 가지고 있는 지를 조사할 수 있다.**

  ④ 경찰관은 제1항이나 제2항에 따라 질문을 하거나 동행을 요구할 경우 자신의 신분을 표시하는 증표를 제시하면서 소속과 성명을 밝히고 질문이나 동행의 목적과 이유를 설명하여야 하며, 동행을 요구하는 경우에는 **동행 장소를 밝혀야 한다.** 〈22경간〉

제4조(보호조치 등) ① 경찰관은 수상한 행동이나 그 밖의 주위 사정을 합리적으로 판단해 볼 때 다음 각 호의 어느 하나에 해당하는 것이 명백하고 응급구호가 필요하다고 믿을 만한 상당한 이유가 있는 사람(이하 "구호대상자"라 한다)을 발견하였을 때에는 보건의료기관이나 공공구호기관에 **긴급구호를 요청하거나** 경찰관서에 **보호하는 등 적절한 조치를 할 수 있다.** 〈21승진, 20·22경간, 20채용〉

  ③ 경찰관은 제1항의 조치를 하는 경우에 구호대상자가 휴대하고 있는 무기·흉기 등 위험을 일으킬 수 있는 것으로 인정되는 물건을 경찰관서에 **임시로 영치하여 놓을 수 있다.** 〈20경간, 20채용〉

  ④ 경찰관은 제1항의 조치를 하였을 때에는 지체 없이 구호대상자의 가족, 친지 또는 그 밖의 연고자에게 그 사실을 알려야 하며, **연고자가 발견되지 아니할 때**에는 구호대상자를 적당한 공공보건의료기관이나 공공구호기관에 **즉시 인계하여야 한다.** 〈19승진, 20·22경간〉

제6조(범죄의 예방과 제지) 경찰관은 범죄행위가 목전(目前)에 행하여지려고 하고 있다고 **인정될 때**에는 이를 예방하기 위하여 관계인에게 필요한 경고를 하고, 그 행위로 인하여 사람의 생명·신체에 위해를 끼치거나 재산에 중대한 손해를 끼칠 우려가 있는 **긴급한 경우에는 그 행위를 제지할 수 있다.** 〈19승진〉

제9조(유치장) 법률에서 정한 절차에 따라 체포·구속된 사람 또는 신체의 자유를 제한하는 판결이나 처분을 받은 사람을 수용하기 위하여 **경찰서와 해양경찰서에 유치장을 둔다.** 〈18채용〉

제10조(경찰장비의 사용 등) ⑤ 경찰청장은 위해성 경찰장비를 새로 도입하려는 경우에는 대통령령으로 정하는 바에 따라 안전성 검사를 실시하여 그 안전성 검사의 결과보고서를 국회 소관 상임위원회에 제출하여야 한다. 이 경우 **안전성 검사에는 외부 전문가를 참여시켜야 한다.** 〈16·18채용〉

제11조의2(손실보상) ① 국가는 경찰관의 적법한 직무집행으로 인하여 다음 각 호의 어느 하나에 해당하는 손실을 입은 자에 대하여 **정당한 보상을 하여야 한다.** 〈21채용, 20승진, 19·20경간, 20법학〉

  ④ 경찰청장 또는 시·도경찰청장은 제3항의 손실보상심의위원회의 심의·의결에 따라 보상금을 지급하고, **거짓 또는 부정한 방법**으로 보상금을 받은 사람에 대하여는 해당 **보상금을 환수하여야 한다.** 〈21채용〉

  ⑥ 경찰청장 또는 시·도경찰청장은 제4항에 따라 보상금을 반환하여야 할 사람이 대통령령으로 정한 기한까지 그 금액을 납부하지 아니한 때에는 **국세 체납처분의 예에 따라 징수할 수 있다.** 〈20법학〉

제11조의3(범인검거 등 공로자 보상) ① 경찰청장, 시·도경찰청장 또는 경찰서장은 다음 각 호의 어느 하나에 해당하는 사람에게 **보상금을 지급할 수 있다.** 〈18·19승진〉

  ⑤ 경찰청장, 시·도경찰청장 또는 경찰서장은 제2항에 따른 보상금심사위원회의 심사·의결에 따라 보상금을 지급하고, **거짓 또는 부정한 방법**으로 보상금을 받은 사람에 대하여는 해당 보상금을 **환수한다.**

⑥ 경찰청장, 시·도경찰청장 또는 경찰서장은 제5항에 따라 보상금을 반환하여야 할 사람이 대통령령으로 정한 기한까지 그 금액을 납부하지 아니한 때에는 국세 **체납처분의 예에 따라 징수할 수 있다.**

제11조의4(소송 지원) 경찰청장과 해양경찰청장은 경찰관이 제2조 각 호에 따른 직무의 수행으로 인하여 민·형사상 책임과 관련된 소송을 수행할 경우 변호인 선임 등 소송 수행에 필요한 **지원을 할 수 있다.** 〈23채용〉

경찰관의 정보수집 및 처리 등에 관한 규정

제8조(위법한 지시의 금지 및 거부) ② 경찰관은 **명백히 위법한 지시**라고 판단되는 경우에는 **그 집행을 거부할 수 있다.**

위해성 경찰장비의 사용기준 등에 관한 규정

제4조(영장집행등에 따른 수갑등의 사용기준) 경찰관(경찰공무원으로 한정한다. 이하 같다)은 체포·구속영장을 집행하거나 신체의 자유를 제한하는 판결 또는 처분을 받은 자를 법률이 정한 절차에 따라 호송하거나 수용하기 위하여 필요한 때에는 최소한의 범위안에서 수갑·포승 또는 호송용포승을 **사용할 수 있다.**
〈21채용〉

제7장 경찰행정학

경찰공무원 승진임용 규정

제7조(근무성적 평정) ① 총경 이하의 경찰공무원에 대해서는 매년 근무성적을 평정하여야 하며, **근무성적 평정의 결과는 승진 등 인사관리에 반영하여야 한다.**

경찰장비관리규칙

제115조(무기고 및 탄약고 설치) ② 무기고와 탄약고는 견고하게 만들고 환기·방습장치와 방화시설 및 총가시설 등을 **완비되어야 한다.**

③ 탄약고는 무기고와 분리되어야 하며 가능한 본 청사와 격리된 **독립 건물로 하여야 한다.** 〈17승진〉

⑤ 무기·탄약고 비상벨은 상황실과 숙직실 등 초동조치 가능장소와 연결하고, 외곽에는 철조망장치와 **조명등 및 순찰함을 설치하여야 한다.** 〈17승진〉

⑥ 간이무기고는 근무자가 24시간 상주하는 지구대, 파출소, 상황실 및 112타격대(이하 "지구대 및 상황실 등"이라 한다) 등 경찰기관의 장이 **필요하다고 인정하는 상당한 이유가 있는 장소에 설치할 수 있다.**
〈17승진〉

⑦ 탄약고 내에는 전기시설을 하여서는 아니 되며, 조명은 건전지 등으로 하고 방화시설을 완비하여야 한다. 단, **방폭설비를 갖춘 경우 전기시설을 설치할 수 있다.**

보안업무규정 시행 세부규칙

제11조(Ⅱ급 및 Ⅲ급 비밀취급인가) ② **시·도경찰청장은** 규정 제7조제2항제5호에 따라 **경찰서장, 기동대장에게,** Ⅱ급 및 Ⅲ급 비밀취급인가권을 **위임한다.** 이 경우 **경정 이상의 경찰공무원을 장으로 하는 경찰기관의 장에게도** Ⅱ급 및 Ⅲ급 비밀취급인가권을 **위임할 수 있다.**

③ 제1항 및 제2항의 규정에 따라 Ⅱ급 및 Ⅲ급 비밀취급인가권을 위임받은 기관의 장은 이를 **다시 위임할 수 없다.**

제8장 경찰 통제

부패방지 및 국민권익위원회의 설치와 운영에 관한 법률

제55조(부패행위의 신고) **누구든지** 부패행위를 알게 된 때에는 이를 위원회에 **신고할 수 있다.**

제56조(공직자의 부패행위 신고의무) **공직자는** 그 직무를 행함에 있어 다른 공직자가 부패행위를 한 사실을 알게 되었거나 부패행위를 강요 또는 제의받은 경우에는 지체 없이 이를 수사기관·감사원 또는 위원회에 **신고하여야 한다.**

제58조(신고의 방법) 신고를 하려는 자는 본인의 인적사항과 신고취지 및 이유를 기재한 **기명의 문서로써 하여야 하며,** 신고대상과 부패행위의 증거 등을 함께 **제시하여야 한다.** 〈20경간〉

제59조(신고내용의 확인 및 이첩 등) ① 위원회는 접수된 신고사항에 대하여 신고자를 상대로 다음 각 호의 사항을 **확인할 수 있다.** 〈24승진〉

　　1. 신고자의 인적사항, 신고의 경위 및 취지 등 신고내용의 특정에 필요한 사항

　　2. 신고내용이 제29조제2항 각 호의 어느 하나에 해당하는지의 여부에 관한 사항

　⑥ 위원회에 신고가 접수된 당해 부패행위의 혐의대상자가 다음 각 호에 해당하는 **고위공직자로서 부패혐** 의의 내용이 형사처벌을 위한 수사 및 공소제기의 필요성이 있는 경우에는 위원회의 명의로 검찰, 수사 처, 경찰 등 관할 **수사기관에 고발을 하여야 한다.** 〈20경간〉

공공기관의 정보공개에 관한 법률

제3조(정보공개의 원칙) **공공기관이 보유·관리하는 정보는** 국민의 알권리 보장 등을 위하여 이 법에서 정하는 바에 따라 적극적으로 **공개하여야 한다.** 〈18법학, 17·21승진, 17경간, 17채용〉

제9조(비공개 대상 정보) ① 공공기관이 보유·관리하는 정보는 공개 대상이 된다. 다만, 다음 각 호의 어느 하나에 해당하는 정보는 **공개하지 아니할 수 있다.**

　　3. 공개될 경우 국민의 생명·신체 및 재산의 보호에 현저한 지장을 초래할 우려가 있다고 인정되는 정보 〈19승진〉

　　4. 진행 중인 재판에 관련된 정보와 범죄의 예방, 수사, 공소의 제기 및 유지, 형의 집행, 교정(矯正), 보안 처분에 관한 사항으로서 공개될 경우 그 직무수행을 현저히 곤란하게 하거나 형사피고인의 공정한 재판을 받을 권리를 침해한다고 인정할 만한 상당한 이유가 있는 정보

　② 공공기관은 제1항 각 호의 어느 하나에 해당하는 정보가 기간의 경과 등으로 인하여 **비공개의 필요성이 없어진 경우에는 그 정보를 공개 대상으로 하여야 한다.** 〈21승진〉

제11조(정보공개 여부의 결정) ③ 공공기관은 공개 청구된 공개 대상 정보의 전부 또는 일부가 **제3자와 관련이 있다고 인정할 때에는** 그 사실을 제3자에게 지체 없이 **통지하여야 하며,** 필요한 경우에는 **그의 의견을** 들을 수 있다. 〈19승진, 17경간〉

행정절차법

제22조(의견청취) ③ 행정청이 당사자에게 의무를 부과하거나 권익을 제한하는 처분을 할 때 **청문을 실시하거나 공청회를 개최하는 경우 외에는** 당사자등에게 **의견제출의 기회를 주어야 한다.** 〈18경간〉

제30조(청문의 공개) 청문은 **당사자가 공개를 신청**하거나 **청문 주재자가 필요하다고 인정**하는 경우 **공개할 수 있다.** 다만, 공익 또는 제3자의 정당한 이익을 현저히 해칠 우려가 있는 경우에는 공개하여서는 아니 된다.

경찰 감찰 규칙

제28조(조사 참여) ① 감찰관은 조사대상자가 다음 각 호의 사항을 신청할 경우 이에 해당하는 사람을 **참여하게 하거나 동석하도록 하여야 한다.**

1. 다음 각 목의 사람의 참여
   가. 다른 감찰관
   나. 변호인
2. 다음 각 목의 사람의 동석
   가. 조사대상자의 **동료**공무원
   나. 조사대상자의 **직계친족, 배우자, 가족 등** 조사대상자의 심리적 안정과 원활한 의사소통에 도움을 줄 수 있는 자

제31조(조사시 유의사항) ⑤ 감찰부서장은 성폭력·성희롱 피해 **여성에 대하여는** 피해자의 의사에 반하지 않는 한 **여성 경찰공무원이 조사하도록 하여야 하고,** 조사 과정에서 피해자의 인격이나 명예가 손상되거나 사적인 비밀이 침해되지 않도록 하여야 한다.

제36조(기관통보사건의 처리) ② 감찰관은 검찰·경찰, 그 밖의 수사기관으로부터 **수사개시 통보를 받은 경우**에는 징계의결요구권자의 결재를 받아 해당 기관으로부터 수사결과의 통보를 받을 때까지 감찰조사, 징계의결요구 등의 **절차를 진행하지 아니 할 수 있다.** 〈19승진, 17채용〉

제40조(감찰관에 대한 징계 등) ② **감찰관의 의무위반행위**에 대해서는 「경찰공무원 징계령 세부시행규칙」의 징계양정에 정한 기준보다 **가중하여 징계조치한다.** 〈18승진〉

경찰 인권보호 규칙

제23조(평가 절차) ① 경찰청장은 다음 각 호의 구분에 따른 기한 내에 인권영향평가를 **실시하여야 한다.**

1. 제21조제1항제1호(제·개정하려는 법령 및 행정규칙): 해당 안건을 경찰위원회에 상정하기 60일 이전
2. 제21조제1항제2호(국민의 인권에 영향을 미치는 정책 및 계획): 해당 사안이 확정되기 이전
3. 제21조제1항제3호(참가인원, 내용, 동원 경력의 규모, 배치 장비 등을 고려하여 인권침해 가능성이 높다고 판단되는 집회 및 시위): 집회 및 시위 종료일로부터 30일 이전

제32조(물건 등의 보관 등) ④ 조사담당자는 제출자가 보관 중인 **물건의 반환을 요구하는 경우에는 반환하여야 하며,** 다음 각 호의 어느 하나에 해당하는 경우에는 제출자가 **요구하지 않더라도 반환할 수 있다.** 〈21승진〉

제34조(수사 개시로 인한 조사중단) 조사담당자는 사건을 조사하는 과정에서 동일한 사건에 대하여 경찰·검찰 등의 **수사가 시작된 경우에는** 사건 조사를 **즉시 중단하고 종결하거나 해당 기관에 이첩할 수 있다.** 다만, **확인된 인권침해 사실에 대한 구제 절차는 계속하여 이행할 수 있다.** 〈21승진〉

경찰청공무원행동강령

제4조(공정한 직무수행을 해치는 지시에 대한 처리) ① 공무원은 상급자가 자기 또는 타인의 부당한 이익을 위하여 **공정한 직무수행을 현저하게 해치는 지시**를 하였을 때에는 별지 제1호 서식 또는 전자우편 등의 방법으로 그 사유를 **상급자에게 소명하고 지시에 따르지 아니하거나,** 별지 제2호 서식 또는 전자우편 등의 방법으로 제23조에 따라 지정된 행동강령에 관한 업무를 담당하는 공무원(이하 "행동강령책임관"이라 한다)과 **상담할 수 있다.** 〈20·23경간, 17·18채용〉

② 제1항에 따라 지시를 이행하지 아니하였는데도 같은 **지시가 반복될 때에는** 즉시 행동강령책임관과 **상담하여야 한다.** 〈20경간〉

③ 제1항이나 제2항에 따라 상담 요청을 받은 **행동강령책임관**은 지시 내용을 확인하여 지시를 취소하거나 변경할 필요가 있다고 인정되면 **소속 기관의 장에게 보고하여야 한다.** 다만, 지시 내용을 확인하는 과정에서 **부당한 지시를 한 상급자가 스스로 그 지시를 취소하거나 변경**하였을 때에는 소속 기관의 장에게 **보고하지 아니할 수 있다.** 〈20경간〉

④ 제3항에 따른 보고를 받은 소속 기관의 장은 필요하다고 인정되면 **지시를 취소·변경하는 등 적절한 조치를 하여야 한다.** 이 경우 공정한 직무수행을 해치는 지시를 제1항에 따라 이행하지 아니하였는데도 같은 **지시를 반복한 상급자에게는 징계 등 필요한 조치를 할 수 있다.**

제8조(정치인 등의 부당한 요구에 대한 처리) ① 공무원은 **정치인이나 정당** 등으로부터 부당한 직무수행을 강요받거나 청탁을 받은 경우에는 별지 제9호 서식 또는 전자우편 등의 방법으로 **소속 기관의 장에게 보고**하거나 **행동강령책임관과 상담하여야 한다.** 〈17경간, 17·18채용〉

② 제1항에 따라 보고를 받은 소속 기관의 장이나 상담을 한 행동강령책임관은 그 공무원이 공정한 직무수행을 할 수 있도록 **적절한 조치를 하여야 한다.**

제4조의2(부당한 수사지휘에 대한 이의제기) ① 공무원은 「범죄수사규칙」 제30조에 따른 경찰관서 내 **수사지휘에 대한 이의제기**와 관련하여 **행동강령책임관에게 상담을 요청할 수 있다.** 〈22경간〉

② 제1항의 상담요청을 받은 행동강령책임관은 해당 지휘의 취소·변경이 **필요하다고 인정되면** 소속기관장에게 **보고하여야 한다.**

제14조의2(감독기관의 부당한 요구 금지) ② 제1항에 따른 **부당한 요구를 받은 피감기관 소속 공직자는 그 이행을 거부해야 하며,** 거부했음에도 불구하고 감독기관 소속 공무원으로부터 같은 요구를 **다시 받은 때에는** 그 사실을 별지 제11호의 서식에 따라 피감기관의 **행동강령책임관에게 알려야 한다.** 이 경우 행동강령책임관은 그 요구가 제1항 각 호의 어느 하나에 해당하는 경우에는 지체 없이 **피감기관의 장에게 보고해야 한다.**

국가경찰과 자치경찰의 조직 및 운영에 관한 법률

제6조(직무수행) ② 경찰공무원은 구체적 **사건수사와 관련된** 제1항의 지휘·감독의 적법성 또는 정당성에 대하여 **이견이 있을 때에는 이의를 제기할 수 있다.** 〈19승진, 18법학, 18채용〉

제34조(자치경찰사무에 대한 재정적 지원) 국가는 지방자치단체가 이관받은 사무를 원활히 수행할 수 있도록 인력, 장비 등에 소요되는 비용에 대하여 **재정적 지원을 하여야 한다.** 〈23경간〉

제35조(예산) ① 자치경찰사무의 수행에 필요한 **예산은** 시·도자치경찰위원회의 심의·의결을 거쳐 **시·도지사가 수립한다.** 이 경우 **시·도자치경찰위원회는 경찰청장의 의견을 들어야 한다.** 〈23경간〉

② **시·도지사는** 자치경찰사무 담당 공무원에게 조례에서 정하는 예산의 범위에서 **재정적 지원 등을 할 수 있다.** 〈23경간〉

③ **시·도의회는** 관련 예산의 효율적인 관리를 위하여 의결로써 자치경찰사무에 대해 **시·도자치경찰위원장의 출석 및 자료 제출을 요구할 수 있다.** 〈23경간〉

범죄수사규칙

제30조(경찰관서 내 이의제기) ① 경찰관은 **구체적 수사와 관련된** 소속 수사부서장의 지휘·감독의 적법성 또는 정당성에 **이견이 있는 경우에는** 해당 상관에게 별지 제6호서식의 수사지휘에 대한 이의제기서를 작성하여 **이의를 제기할 수 있다.** 〈18채용〉

각론 제1장 생활안전 경찰

경범죄 처벌법

제9조(통고처분 불이행자 등의 처리) ② 제1항제2호에 따라 즉결심판이 청구된 피고인이 통고받은 범칙금에 그 금액의 **100분의 50을 더한 금액을 납부**하고 그 증명서류를 **즉결심판 선고 전까지 제출**하였을 때에는 경찰서장, 해양경찰서장 및 제주특별자치도지사는 그 피고인에 대한 즉결심판 청구를 **취소하여야 한다.**

〈22경간〉

아동 · 청소년의 성보호에 관한 법률

제19조(「형법」상 감경규정에 관한 특례) **음주 또는 약물로 인한 심신장애 상태**에서 아동 · 청소년대상 성폭력범죄를 범한 때에는 「형법」 제10조제1항 · 제2항(심신장애인 감면) 및 제11조(농아자 감경)를 **적용하지 아니할 수 있다.** 〈17채용, 18법학〉

제21조(형벌과 수강명령 등의 병과) ① 법원은 아동 · 청소년대상 성범죄를 범한 「소년법」 제2조의 **소년에 대하여 형의 선고를 유예**하는 경우에는 **보호관찰을 명하여야 한다.**

가정폭력범죄의 처벌 등에 관한 특례법

제6조(고소에 관한 특례) ③ 피해자에게 고소할 법정대리인이나 친족이 없는 경우에 **이해관계인이 신청**하면 **검사는 10일 이내에 고소할 수 있는 사람을 지정하여야 한다.** 〈19경간, 17승진, 17 · 19채용〉

아동학대범죄의 처벌 등에 관한 특례법

제11조(현장출동) ① 아동학대범죄 신고를 접수한 사법경찰관리나 「아동복지법」 제22조제4항에 따른 아동학대전담공무원(이하 "아동학대전담공무원"이라 한다)은 **지체 없이** 아동학대범죄의 현장에 **출동하여야 한다.**

〈20승진, 17경간〉

이 경우 수사기관의 장이나 시 · 도지사 또는 시장 · 군수 · 구청장은 서로 동행하여 줄 것을 요청할 수 있으며, 그 요청을 받은 수사기관의 장이나 시 · 도지사 또는 시장 · 군수 · 구청장은 정당한 사유가 없으면 사법경찰관리나 아동학대전담공무원이 아동학대범죄 현장에 동행하도록 **조치하여야 한다.**

⑤ 제2항에 따라 조사 또는 질문을 하는 사법경찰관리 또는 아동학대전담공무원은 피해아동, 아동학대범죄신고자등, 목격자 등이 자유롭게 진술할 수 있도록 아동학대행위자로부터 **분리된 곳에서 조사하는 등 필요한 조치를 하여야 한다.**

⑦ 제1항에 따른 현장출동이 동행하여 이루어지지 아니한 경우 수사기관의 장이나 시 · 도지사 또는 시장 · 군수 · 구청장은 **현장출동에 따른 조사 등의 결과를 서로에게 통지하여야 한다.** 〈22승진〉

제12조(피해아동 등에 대한 **응급조치**) ① 현장에 출동하거나 아동학대범죄 현장을 발견한 경우 또는 학대현장 이외의 장소에서 학대피해가 확인되고 재학대의 위험이 급박 · 현저한 경우, 사법경찰관리 또는 아동학대전담공무원은 "피해아동등"의 보호를 위하여 **즉시 응급조치를 하여야 한다.** 〈20승진, 17경간〉

제13조(아동학대행위자에 대한 **긴급임시조치**) ① 사법경찰관은 응급조치에도 불구하고 아동학대범죄가 **재발**될 우려가 있고, **긴급**을 요하여 제19조제1항에 따른 법원의 임시조치 결정을 받을 수 없을 때에는 직권이나 신청에 따라 **긴급임시조치를 할 수 있다.** 〈18승진〉

제17조의2(증인에 대한 신변안전조치) ① 검사는 아동학대범죄사건의 증인이 피고인 또는 그 밖의 사람으로부터 생명 · 신체에 해를 입거나 입을 염려가 있다고 인정될 때에는 관할 경찰서장에게 증인의 신변안전을 위하여 **필요한 조치를 할 것을 요청하여야 한다.** 〈22승진〉

각론 제2장 수사 경찰

검사와 사법경찰관의 상호협력과 일반적 수사준칙에 관한 규정

제17조(변사자의 검시 등) ④ 검사와 사법경찰관은 법 제222조에 따라 **변사자의 검시를 한 사건에 대해 사건 종결 전에 수사할 사항 등에 관하여 상호 의견을 제시·교환해야 한다.** 〈19승진〉

경찰수사규칙(행안부령)

제27조(변사자의 검시·검증) ① 사법경찰관은 법 제222조제1항 및 제3항에 따라 검시를 하는 경우에는 **의사를 참여시켜야 하며,** 그 의사로 하여금 검안서를 작성하게 해야 한다. 이 경우 사법경찰관은 **검시 조사관을 참여시킬 수 있다.** 〈19·22승진〉

② 사법경찰관은 법 제222조에 따른 검시 또는 검증 결과 사망의 원인이 범죄로 인한 것으로 판단하는 경우에는 **신속하게 수사를 개시해야 한다.** 〈19승진〉

제30조(검시와 참여자) 사법경찰관리는 검시에 특별한 지장이 없다고 인정하면 변사자의 가족·친족, 이웃사람·친구, 시·군·구·읍·면·동의 공무원이나 그 밖에 필요하다고 인정하는 사람을 검시에 **참여시켜야 한다.** 〈22승진〉

경찰수사사건등의 공보에 관한 규칙

제10조(공보의 방식) ① 수사사건등에 대한 공보는 **서면으로 하여야 한다.**

범죄수법공조자료관리규칙

제3조(수법원지의 전산입력) ① 경찰서장(경찰청, 시·도경찰청에서 처리한 사건에 대하여는 '경찰청장, 시·도경찰청장'을 포함한다. 이하 같다.)은 다음 각 호에 해당하는 **피의자를** 검거하였거나 인도받아 조사하여 **구속 송치할 때에는** 제2조제3호의 "수법·수배·피해통보 전산자료 입력코드번호부"에 규정된 내용에 따라 경찰시스템을 활용하여 **수법원지를 전산입력하여 경찰청장에게 전산송부**하여야 한다. 다만 **불구속 피의자도 재범의 우려가 있다고 인정되는 자에 대하여는 전산입력 할 수 있다.**

형사소송법

제244조의5(장애인 등 특별히 보호를 요하는 자에 대한 특칙) 검사 또는 사법경찰관은 **피의자를 신문**하는 경우 다음 각 호의 어느 하나에 해당하는 때에는 직권 또는 피의자·법정대리인의 신청에 따라 피의자와 **신뢰관계에 있는 자를 동석하게 할 수 있다.**

1. 피의자가 **신체적 또는 정신적 장애**로 사물을 변별하거나 의사를 결정·전달할 능력이 미약한 때
2. 피의자의 연령·성별·국적 등의 사정을 고려하여 그 심리적 안정의 도모와 원활한 의사소통을 위하여 필요한 경우

발달장애인 권리보장 및 지원에 관한 법률

제12조(형사·사법 절차상 권리보장) ③ 법원은 발달장애인을 증인으로 신문하는 경우 발달장애인 본인, 검사, 보호자, 발달장애인지원센터의 장의 신청이 있는 때에는 재판에 중대한 지장을 줄 우려가 있는 등 부득이한 경우가 아니면 **발달장애인과 신뢰관계에 있는 사람을 동석하게 하여야 한다.**

④ 수사기관이 발달장애인을 조사하는 경우에도 제2항 및 제3항을 따라야 한다.

성폭력범죄의 처벌 등에 관한 특례법

제20조(「형법」상 감경규정에 관한 특례) **음주 또는 약물로 인한 심신장애 상태**에서 성폭력범죄(제2조제1항 제1호의 죄는 제외한다)를 범한 때에는 「형법」 제10조제1항·제2항(심신장애인 감면) 및 제11조(농아자 감경)를 **적용하지 아니할 수 있다.**

제26조(성폭력범죄의 피해자에 대한 전담조사제) ② 경찰청장은 각 경찰서장으로 하여금 성폭력범죄 **전담 사법경찰관**을 지정하도록 하여 특별한 사정이 없으면 이들로 하여금 **피해자를 조사하게 하여야 한다.** 〈17· 19승진, 20경간, 20채용〉

제30조(영상물의 촬영·보존 등) ① 성폭력범죄의 **피해자가 19세 미만**이거나 신체적인 또는 정신적인 **장애로** 사물을 변별하거나 의사를 결정할 능력이 미약한 경우에는 피해자의 진술 내용과 조사 과정을 비디오녹화기 등 영상물 녹화장치로 **촬영·보존하여야 한다.** 〈17승진〉

② 제1항에 따른 영상물 녹화는 피해자 또는 법정대리인이 이를 원하지 아니하는 의사를 표시한 경우에는 촬영을 하여서는 아니 된다. 다만, 가해자가 친권자 중 일방인 경우는 그러하지 아니하다.

⑥ 제1항에 따라 촬영한 영상물에 수록된 피해자의 진술은 공판준비기일 또는 공판기일에 피해자나 조사 과정에 **동석하였던 신뢰관계에 있는 사람 또는 진술조력인의 진술에 의하여** 그 성립의 진정함이 인정된 경우에 **증거로 할 수 있다.** 〈17승진〉

※ 19세 미만자의 촬영물은 제외됨(헌재 위헌 결정)

제34조(신뢰관계에 있는 사람의 동석) ① 법원은 제3조부터 제8조까지, 제10조 및 제15조(제9조의 미수범은 제외한다)의 범죄의 **피해자를 증인으로 신문하는 경우**에 검사, 피해자 또는 법정대리인이 신청할 때에는 재판에 지장을 줄 우려가 있는 등 **부득이한 경우가 아니면** 피해자와 **신뢰관계에 있는 사람을 동석하게 하여야 한다.** 〈20채용〉

② 제1항은 **수사기관이 같은 항의 피해자를 조사하는 경우**에 관하여 준용한다.

제36조(진술조력인의 수사과정 참여) ① 검사 또는 사법경찰관은 성폭력범죄의 피해자가 **13세 미만의 아동**이거나 신체적인 또는 정신적인 **장애로** 의사소통이나 의사표현에 어려움이 있는 경우 원활한 조사를 위하여 직권이나 피해자, 그 법정대리인 또는 변호사의 신청에 따라 **진술조력인**으로 하여금 조사과정에 참여하여 의사소통을 **중개하거나 보조하게 할 수 있다.** 다만, 피해자 또는 그 법정대리인이 이를 원하지 아니하는 의사를 표시한 경우에는 그러하지 아니하다. 〈22채용〉

각론 제3장 경비 경찰

경비업법 시행령

제30조(경비가 필요한 시설 등에 대한 경비의 요청) **시·도경찰청장은** 행사장 그밖에 많은 사람이 모이는 시설 또는 장소에서 혼잡 등으로 인한 위험의 발생을 방지하기 위하여 법 제2조제3호의 규정에 의한 **경비원에 의한 경비가 필요하다고 인정되는 때에는** 행사개최일 전에 당해 행사의 주최자에게 경비원에 의한 경비를 실시하거나 부득이한 사유로 그것을 실시할 수 없는 경우에는 **행사개최 24시간 전까지 시·도경찰청장에게** 그 사실을 통지하여 줄 것을 **요청할 수 있다.** 〈18경간〉

공직선거법

제183조(개표소의 출입제한과 질서유지) ③ 구·시·군선거관리위원회위원장이나 위원은 개표소의 질서가 심히 문란하여 공정한 개표가 진행될 수 없다고 인정하는 때에는 개표소의 질서유지를 위하여 정복을 한 경찰공무원 또는 경찰관서장에게 **원조를 요구할 수 있다.**

④ 제3항의 규정에 의하여 원조요구를 받은 경찰공무원 또는 경찰관서장은 **이에 따라야 한다.**

⑤ 제3항의 요구에 의하여 개표소안에 들어간 경찰공무원 또는 경찰관서장은 구·시·군선거관리위원회 위원장의 지시를 받아야 하며, 질서가 회복되거나 위원장의 요구가 있는 때에는 **즉시 개표소에서 퇴거 하여야 한다.** 〈22승진〉

통합방위법

제12조(통합방위사태의 선포) ① 통합방위사태는 갑종사태, 을종사태 또는 병종사태로 구분하여 선포한다.

② 제1항의 사태에 해당하는 상황이 발생하면 다음 각 호의 구분에 따라 해당하는 사람은 즉시 국무총리를 거쳐 대통령에게 통합방위사태의 **선포를 건의하여야 한다.** 〈19·20승진〉

　　1. 갑종사태에 해당하는 상황이 발생하였을 때 또는 둘 이상의 특별시·광역시·특별자치시·도·특별 자치도(이하 "시·도"라 한다)에 걸쳐 을종사태에 해당하는 상황이 발생하였을 때: 국방부장관

　　2. 둘 이상의 시·도에 걸쳐 병종사태에 해당하는 상황이 발생하였을 때: 행정안전부장관 또는 국방부장관

③ 대통령은 제2항에 따른 건의를 받았을 때에는 **중앙협의회와 국무회의의 심의를 거쳐** 통합방위사태를 **선포할 수 있다.**

④ 시·도경찰청장, 지역군사령관 또는 함대사령관은 을종사태나 병종사태에 해당하는 상황이 발생한 때 에는 즉시 시·도지사에게 통합방위사태의 **선포를 건의하여야 한다.** 〈20승진〉

⑤ 시·도지사는 제4항에 따른 건의를 받은 때에는 **시·도 협의회의 심의를 거쳐** 을종사태 또는 병종사태 를 **선포할 수 있다.** 〈20승진〉

제16조(통제구역 등) ① **시·도지사 또는 시장·군수·구청장은** 다음 각 호의 어느 하나에 해당하면 대통 령으로 정하는 바에 따라 인명·신체에 대한 위해를 방지하기 위하여 필요한 **통제구역을 설정하고,** 통합방 위작전 또는 경계태세 발령에 따른 군·경 합동작전에 관련되지 아니한 사람에 대하여는 **출입을 금지·제 한하거나 그 통제구역으로부터 퇴거할 것을 명할 수 있다.** 〈18경간〉

　　1. 통합방위사태가 선포된 경우

　　2. 적의 침투·도발 징후가 확실하여 경계태세 1급이 발령된 경우

제17조(대피명령) ① **시·도지사 또는 시장·군수·구청장은** 통합방위사태가 선포된 때에는 인명·신체에 대한 위해를 방지하기 위하여 **즉시** 작전지역에 있는 주민이나 체류 중인 사람에게 대피할 것을 **명할 수 있다.** 〈19승진, 19경간, 17채용〉

경찰 비상업무 규칙

제17조(설치) ① 비상상황에서 경찰청, 시·도경찰청, 경찰서 등에 경찰지휘본부를 둘 수 있다.

② **경찰지휘본부는** 당해 지휘본부장이 필요하다고 인정할 때에 설치하며 경찰청 및 시·도경찰청은 **치안 상황실에 설치함을 원칙으로 한다.**

③ 각종 상황 발생 시 상황의 효율적인 관리를 위해 필요한 경우 **현장 인근에 현장지휘본부를 설치할 수 있다.**

국민보호와 공공안전을 위한 테러방지법

제14조(신고자 보호 및 포상금) ② 관계기관의 장은 테러의 계획 또는 실행에 관한 사실을 관계기관에 신고하여 테러를 사전에 예방할 수 있게 하였거나, 테러에 가담 또는 지원한 사람을 신고하거나 체포한 사람에 대하여 대통령령으로 정하는 바에 따라 **포상금을 지급할 수 있다.** 〈23승진〉

각론 제4장 교통 경찰

도로교통법 시행령

제13조(주차위반 차의 견인·보관 및 반환 등을 위한 조치) ③ 경찰서장, 도지사 또는 시장등은 차를 견인하였을 때부터 **24시간이 경과되어도 이를 인수하지 아니하는 때에는** 해당 차의 보관장소 등 행정안전부령이 정하는 사항을 해당 차의 사용자 또는 운전자에게 **등기우편으로 통지하여야 한다.** 〈22승진〉

어린이·노인 및 장애인 보호구역의 지정 및 관리에 관한 규칙

제3조(보호구역의 지정) ⑥ 시장등은 제4항에 따른 조사 결과 보호구역으로 지정·관리할 필요가 인정되는 경우에는 관할 시·도경찰청장 또는 경찰서장과 협의하여 해당 보호구역 지정대상 시설 또는 장소의 **주(主) 출입문**(출입문이 없는 장소의 경우에는 해당 장소를 말한다. 이하 같다)을 **기준으로 반경 300미터 이내의 도로 중 일정구간을 보호구역으로 지정한다.** 다만, 시장등은 해당 지역의 교통여건 및 효과성 등을 면밀히 검토하여 필요한 경우 보호구역 지정대상 시설 또는 장소의 **주 출입문을 기준으로 반경 500미터 이내의 도로에 대해서도 보호구역으로 지정할 수 있다.** 〈22승진〉

각론 제5장 정보 경찰

보안업무규정(대통령령)

제37조(신원조사 결과의 처리) ① 국가정보원장은 신원조사 결과 **국가안전보장에 해를 끼칠 정보가 있음이 확인된 사람에 대해서는** 관계 기관의 장에게 그 사실을 **통보하여야 한다.** 〈18승진, 18채용〉
　② 제1항에 따라 **통보를 받은 관계 기관의 장은** 신원조사 결과에 따라 **필요한 보안대책을 마련하여야 한다.** 〈18승진〉

집회 및 시위에 관한 법률

제7조(신고서의 보완 등) ① 관할경찰관서장은 제6조제1항에 따른 신고서의 기재 사항에 미비한 점을 발견하면 접수증을 교부한 때부터 12시간 이내에 주최자에게 24시간을 기한으로 그 기재 사항을 보완할 것을 통고할 수 있다. 〈18·19·20·21승진, 20채용〉

제8조(집회 및 시위의 금지 또는 제한 통고) ① 제6조제1항에 따른 신고서를 접수한 관할경찰관서장은 신고된 옥외집회 또는 시위가 다음 각 호의 어느 하나에 해당하는 때에는 신고서를 접수한 때부터 48시간 이내에 집회 또는 시위를 **금지할 것을 주최자에게 통고할 수 있다.** 〈21승진〉
　② 관할경찰관서장은 **집회 또는 시위의 시간과 장소가 중복되는 2개 이상의 신고가 있는 경우** 그 목적으로 보아 서로 상반되거나 방해가 된다고 인정되면 각 옥외집회 또는 시위 간에 시간을 나누거나 장소를 분할하여 개최하도록 권유하는 등 각 옥외집회 또는 시위가 서로 방해되지 아니하고 평화적으로 개최·진행될 수 있도록 노력하여야 한다.
　③ 관할경찰관서장은 제2항에 따른 권유가 받아들여지지 아니하면 **뒤에 접수된 옥외집회 또는 시위에 대하여** 제1항에 준하여 그 집회 또는 시위의 **금지를 통고할 수 있다.**

제16조(주최자의 준수 사항) ② 집회 또는 시위의 **주최자는** 집회 또는 시위의 질서 유지에 관하여 자신을 보좌하도록 **18세 이상의 사람을 질서유지인으로 임명할 수 있다.** 〈17·18채용〉

각론 제6장 안보 경찰

국가보안법

제9조(편의제공) ② 이 법 제3조 내지 제8조의 죄를 범하거나 범하려는 자라는 정을 알면서 금품 기타 재산상의 이익을 제공하거나 잠복·회합·통신·연락을 위한 장소를 제공하거나 기타의 방법으로 편의를 제공한 자는 10년 이하의 징역에 처한다. 다만, **본범과 친족관계**가 있는 때에는 그 형을 **감경 또는 면제할 수 있다.**

제10조(불고지) 제3조, 제4조, 제5조제1항·제3항(第1項의 未遂犯에 한한다)·제4항의 죄를 범한 자라는 정을 알면서 수사기관 또는 정보기관에 고지하지 아니한 자는 5년 이하의 징역 또는 200만원 이하의 벌금에 처한다. 다만, **본범과 친족관계**가 있는 때에는 그 형을 **감경 또는 면제한다.** 〈17승진〉

제11조(특수직무유기) 범죄수사 또는 정보의 직무에 종사하는 공무원이 이 법의 죄를 범한 자라는 정을 알면서 그 직무를 유기한 때에는 10년 이하의 징역에 처한다. 다만, 본범과 친족관계가 있는 때에는 그 형을 **감경 또는 면제할 수 있다.**

제15조(몰수·추징) ① 이 법의 죄를 범하고 그 보수를 받은 때에는 **이를 몰수한다.**

제16조(형의 감면) 다음 각호의 1에 해당한 때에는 그 형을 **감경 또는 면제한다.**
  1. 이 법의 죄를 범한 후 **자수**한 때
  2. 이 법의 죄를 범한 자가 이 법의 죄를 범한 타인을 **고발**하거나 타인이 이 법의 죄를 범하는 것을 **방해**한 때 〈17·19승진, 17·18경간〉

제21조(상금) ① 이 법의 죄를 범한 자를 수사기관 또는 정보기관에 통보하거나 체포한 자에게는 대통령령이 정하는 바에 따라 **상금을 지급한다.** 〈18채용〉
  ② 이 법의 죄를 범한 자를 인지하여 체포한 **수사기관 또는 정보기관에 종사하는 자**에 대하여도 제1항과 같다.

제23조(보상) 이 법의 죄를 범한 자를 **신고 또는 체포하거나 이에 관련하여 상이를 입은 자와 사망한 자의 유족은** 대통령령이 정하는 바에 따라 「국가유공자 등 예우 및 지원에 관한 법률」에 따른 공상군경 또는 순직군경의 유족이나 「보훈보상대상자 지원에 관한 법률」에 따른 재해부상군경 또는 재해사망군경의 유족으로 보아 **보상할 수 있다.**

북한이탈주민의 보호 및 정착지원에 관한 법률

제9조(보호 결정의 기준) ① 제8조제1항 본문에 따라 보호 여부를 결정할 때 다음 각 호의 어느 하나에 해당하는 사람은 **보호대상자로 결정하지 아니할 수 있다.** 〈19·21승진, 18·20채용, 18·20경간〉
  1. 항공기 납치, 마약거래, 테러, 집단살해 등 국제형사범죄자
  2. 살인 등 중대한 비정치적 범죄자
  3. 위장탈출 혐의자
  4. 삭제 〈2020. 12. 8.〉
  5. 국내 입국 후 3년이 지나서 보호신청한 사람
  6. 그 밖에 국가안전보장·질서유지·공공복리에 대한 중대한 위해 발생 우려, 보호신청자의 경제적 능력 및 해외체류 여건 등을 고려하여 보호대상자로 정하는 것이 부적당하거나 보호 필요성이 현저히 부족하다고 대통령령으로 정하는 사람

각론 제7장 외사 경찰

출입국관리법

제4조(출국의 금지) ① 법무부장관은 다음 각 호의 어느 하나에 해당하는 국민에 대하여는 6개월 이내의 기간을 정하여 **출국을 금지할 수 있다.** 〈21채용, 19 · 20승진, 17경간〉

    1. 형사재판에 계속(係屬) 중인 사람

    2. 징역형이나 금고형의 집행이 끝나지 아니한 사람

    3. 대통령령으로 정하는 금액 이상의 벌금이나 추징금을 내지 아니한 사람

    4. 대통령령으로 정하는 금액 이상의 국세 · 관세 또는 지방세를 정당한 사유 없이 그 납부기한까지 내지 아니한 사람

    5. 그 밖에 제1호부터 제4호까지의 규정에 준하는 사람으로서 대한민국의 이익이나 공공의 안전 또는 경제질서를 해칠 우려가 있어 그 출국이 적당하지 아니하다고 법무부령으로 정하는 사람

② 법무부장관은 **범죄 수사를 위하여** 출국이 적당하지 아니하다고 인정되는 사람에 대하여는 1개월 이내의 기간을 정하여 **출국을 금지할 수 있다.** 다만, 다음 각 호에 해당하는 사람은 그 호에서 정한 기간으로 한다. 〈19승진, 17경간〉

    1. 소재를 알 수 없어 기소중지 또는 수사중지(피의자중지로 한정한다)된 사람 또는 도주 등 특별한 사유가 있어 수사진행이 어려운 사람 : 3개월 이내

    2. 기소중지 또는 수사중지(피의자중지로 한정한다)된 경우로서 체포영장 또는 구속영장이 발부된 사람 : 영장 유효기간 이내

제12조의2(입국 시 생체정보의 제공 등) ③ 법무부장관은 입국심사에 필요한 경우에는 **관계 행정기관이 보유하고 있는 외국인의 생체정보의 제출을 요청할 수 있다.**

여권법 시행령

제7조(관용여권의 발급대상자) 외교부장관은 법 제4조제2항에 따라 다음 각 호의 어느 하나에 해당하는 사람 (공무원, 공공기관 임직원, 정부에서 파견하는 의료요원 등)에게 **관용여권을 발급할 수 있다.**

범죄수사규칙

제209조(대 · 공사 등에 관한 특칙) ③ 경찰관은 피의자가 **외교 특권을 가진 사람인지 여부가 의심스러운 경우에는** 신속히 **국가수사본부장에게 보고하여 그 지시를 받아야 한다.**

CHAPTER
05

최근 개정 법령·훈령

05 | 최근 개정 법령·훈령

경찰장비관리규칙(경찰청훈령) 〈개정 23. 10. 4.〉

제120조(무기·탄약의 회수 및 보관) ① 경찰기관의 장은 무기를 휴대한 자 중에서 다음 각 호에 해당하는 자가 발생한 때에는 즉시 대여한 무기·탄약을 회수해야 한다. 다만, 대상자가 이의신청을 하거나 소속 부서장이 무기 소지 적격 여부에 대해 심의를 요청하는 경우에는 무기 소지 적격 <u>심의위원회</u>(이하 '심의위원회'라 한다.)의 심의를 거쳐 대여한 무기·탄약의 회수여부를 결정한다. **【중사】【수감 불고문】**

　1. 직무상의 비위 등으로 인하여 **중**징계 의결 요구된 된 자

　2. **사**의를 표명한 자

② 경찰기관의 장은 무기를 휴대한 자 중에서 다음 각 호에 해당하는 자가 있을 때에는 <u>심의위원회의 심의를 거쳐 대여한 무기·탄약을 회수할 수 있다</u>. 다만, 심의위원회를 개최할 <u>시간적 여유가 없거나 사고방지 등을 위해 신속한 회수가 필요하다고 인정되는 경우에는 대여한 무기·탄약을 즉시 회수할 수 있으며, 회수한 날부터 7일 이내에 심의위원회를 개최하여 회수의 타당성을 심의하고 계속 회수 여부를 결정한다.</u>

　1. 직무상의 비위 등으로 인하여 **감**찰조사의 대상이 되거나 경징계의결 요구 또는 경징계 처분 중인 자

　2. 형사사건의 **수**사 대상이 된 자

　3. 경찰공무원 <u>직무적성검사 결과 **고**위험군</u>에 해당되는 자

　4. 정신건강상 **문**제가 우려되어 치료가 필요한 자

　5. 정서적 **불**안 상태로 인하여 무기 소지가 적합하지 않은 자로서 소속 부서장의 요청이 있는 자

　6. 그 밖에 경찰기관의 장이 무기 소지 적격 여부에 대해 심의를 요청하는 자

③ 경찰기관의 장은 제1항과 제2항에 규정한 사유들이 소멸되면 직권 또는 당사자 신청에 따라 무기 소지 적격 <u>심의위원회의 심의를 거쳐 무기 회수의 해제</u> 조치를 할 수 있다.

④ 경찰기관의 장은 무기를 휴대한 자 중에서 다음 각 호에 해당하는 경우에는 대여한 무기·탄약을 <u>무기고에 보관하도록 해야 한다.</u>

　1. 술자리 또는 연회장소에 출입할 경우

　2. 상사의 사무실을 출입할 경우

　3. 기타 정황을 판단하여 필요하다고 인정되는 경우

제120조의2(심의위원회 구성) ① 무기·탄약 회수 대상자에 해당하는지 여부 및 회수의 해제 여부를 심의하기 위하여 <u>각급 경찰기관의 장 소속하에 심의위원회를 둔다.</u>

② 심의위원회는 위원장 1명을 포함하여 총 <u>5명이상 7명 이내의 위원으로 구성하되 민간위원 1명 이상이</u> 위원으로 참여하여야 한다.

③ 위원은 다음 각 호의 사람이 된다.
  1. 내부위원: 심의 대상자 소속 경찰기관의 장이 당해 경찰기관에 소속된 자 중 지명한 자
  2. 민간위원: 정신건강 분야에 관한 전문성을 갖춘 사람으로서 심의 대상자 소속 경찰기관의 장이 위촉하는 사람
④ 심의위원회의 위원장은 심의 대상자 소속 경찰기관의 장이 지명한다.
⑤ 심의위원회의 사무를 처리하기 위하여 위원회에 간사를 두며, 간사는 경찰공무원 중에서 위원장이 지명한다.

제120조의3(심의위원회 운영) ① 심의위원회의 회의는 심의 대상자 소속 경찰기관의 장이 필요하다고 인정하는 경우에 개최한다.
② 심의위원회의 회의는 <u>재적위원 과반수의 출석으로 개의하며, 출석위원 과반수의 찬성으로 의결한다.</u>
③ 심의위원회의 <u>회의는 비공개로 한다.</u>
④ <u>심의대상자는 심의위원회의 회의에 출석하여 의견을 진술하거나 필요한 자료를 제출할 수 있다.</u>
⑤ 위원장은 심의위원회가 심의한 사항을 지체 없이 심의 대상자 소속 경찰기관의 장에게 보고하여야 한다.
⑥ 위원회의 위원 및 위원이었던 사람은 위원회 업무와 관련하여 알게 된 비밀이나 개인정보 등 관련 내용에 대하여 공개 또는 누설하여서는 안 된다.

행정기본법 〈신설 24. 2. 16.〉

제33조(즉시강제) ② 즉시강제를 실시하기 위하여 현장에 파견되는 집행책임자는 그가 집행책임자임을 표시하는 증표를 보여 주어야 하며, 즉시강제의 이유와 내용을 고지하여야 한다.
③ 제2항에도 불구하고 집행책임자는 <u>즉시강제를 하려는 재산의 소유자 또는 점유자를 알 수 없거나 현장에서 그 소재를 즉시 확인하기 어려운 경우</u>에는 즉시강제를 <u>실시한 후</u> 집행책임자의 이름 및 그 이유와 내용을 <u>고지할 수 있다.</u> 다만, 다음 각 호에 해당하는 경우에는 <u>게시판이나 인터넷 홈페이지에 게시하는 등 적절한 방법에 의한 공고로써 고지를 갈음할 수 있다.</u>
  1. 즉시강제를 실시한 후에도 재산의 소유자 또는 점유자를 알 수 없는 경우
  2. 재산의 소유자 또는 점유자가 국외에 거주하거나 행방을 알 수 없는 경우
  3. 그 밖에 대통령령으로 정하는 불가피한 사유로 고지할 수 없는 경우

112신고의 운영 및 처리에 관한 법률 〈제정 24. 7. 3.〉

제1장 총칙

제1조(목적) 이 법은 112신고의 운영·처리에 관한 사항을 규정함으로써 범죄나 각종 사건·사고 등 위급한 상황으로부터 국민의 생명·신체 및 재산을 보호하고 공공의 안녕과 질서를 유지함을 목적으로 한다.

제2조(정의) 이 법에서 사용하는 용어의 뜻은 다음과 같다.
  1. "112"란 「전기통신사업법」 제48조에 따른 전기통신번호자원 관리계획에 따라 부여하는 특수번호인 112를 말한다.
  2. "112신고"란 범죄나 각종 사건·사고 등 위급한 상황이 발생하였거나 발생할 것이 예상될 때 그 피해자 또는 이를 인지한 사람이 112를 이용한 음성, 문자 신고와 그 밖의 인터넷, 영상, 스마트기기 등을 통하여 신고하는 것을 말한다.

제3조(국가의 책무) ① 국가는 112신고의 신속하고 효과적인 처리 및 대응을 위한 체계를 구축하여야 한다.
② 국가는 112신고의 공동대응을 위하여 관계 기관 간 협력체계를 구축·운영하여야 한다.
③ 국가는 누구든지 장애·언어, 그 밖의 이유로 112신고를 이용하는 데 불이익을 받지 아니하도록 접근성을 보장하여야 한다.

제4조(국민의 권리와 의무) ① 누구든지 범죄나 각종 사건·사고 등 위급한 상황이 발생하였거나 발생할 것이 예상되는 경우 112신고를 이용하여 국가로부터 신속한 대응을 요청할 권리를 가진다.

② 누구든지 범죄나 각종 사건·사고 등 위급한 상황에 대응하기 위한 목적 외의 다른 목적으로 112신고를 하거나 이를 거짓으로 꾸며 112신고를 하여서는 아니 된다.

제5조(다른 법률과의 관계) 112신고의 운영 및 처리에 관하여 다른 법률에 특별한 규정이 있는 경우를 제외하고는 이 법에 따른다.

제2장 112신고의 접수·처리 등

제6조(112치안종합상황실의 설치·운영) ① 경찰청장, 시·도경찰청장 및 경찰서장(이하 "경찰청장등"이라 한다)은 112신고의 신속한 접수·처리와 이를 위한 112신고 정보의 분석·판단·전파와 공유·이관, 상황 관리, 현장 지휘·조정·통제 및 공동대응 등의 업무를 수행하기 위하여 112치안종합상황실을 설치·운영하여야 한다.

② 112치안종합상황실의 설치·운영을 위하여 그 밖에 필요한 사항은 대통령령으로 정한다.

제7조(112신고의 접수 등) ① 경찰청장등은 112신고를 받으면 「국가경찰과 자치경찰의 조직 및 운영에 관한 법률」 제4조제1항에 따른 경찰사무의 구분이나 현장 출동이 필요한 지역의 관할에 관계없이 해당 112신고를 신속하게 접수하여 처리하여야 한다.

② 누구든지 정당한 사유 없이 위계·위력·폭행 또는 협박 등으로 제1항에 따른 112신고 접수·처리 업무를 방해하여서는 아니 된다.

③ 제1항에 따른 112신고의 접수 및 처리에 필요한 사항은 대통령령으로 정한다.

제8조(112신고에 대한 조치) ① 경찰청장등은 제7조제1항에 따라 112신고가 접수된 때에는 경찰관을 현장에 신속하게 출동시켜 위험 발생의 방지, 범죄의 예방·진압, 구호대상자의 구조 등 필요한 조치를 하게 하여야 한다.

② 제1항에 따라 필요한 조치를 한 경찰관은 해당 112신고와 관련하여 범죄의 혐의가 있다고 인정할 만한 상당한 이유가 있어 계속 수사할 필요가 있는 경우 지체 없이 해당 수사기관에 인계하여야 한다.

③ 경찰관은 제1항에 따른 필요한 조치를 할 때 사람의 생명·신체 또는 재산에 대한 급박한 위해가 발생할 우려가 있는 경우에는 그 위해를 방지하거나 피해자를 구조하기 위하여 부득이하다고 인정하면 합리적으로 판단하여 필요한 한도에서 다른 사람의 토지·건물 또는 그 밖의 물건을 일시사용, 사용의 제한 또는 처분을 하거나 다른 사람의 토지·건물·배 또는 차에 출입할 수 있다.

④ 경찰청장등은 112신고를 처리하는 과정에서 재난·재해, 범죄 또는 그 밖의 위급한 상황이 발생하여 사람의 생명·신체를 위험하게 할 것으로 인정할 때에는 일정한 구역을 정하여 그 구역에 있는 사람에게 그 구역 밖으로 피난할 것을 명할 수 있다.

⑤ 경찰관은 제3항에 따라 출입 등 조치를 할 때에는 그 신분을 표시하는 증표를 제시하여야 하며, 소속과 성명을 밝히고 조치의 목적과 이유를 설명하여야 한다.

⑥ 국가는 제1항, 제3항 또는 제4항에 따른 조치나 명령으로 손실을 입은 자가 있는 경우에는 「경찰관 직무집행법」 제11조의2에 따라 그 손실을 보상하여야 한다.

제9조(공동대응 또는 협력 등) ① 경찰청장등은 112신고 처리에 있어 다른 기관과의 공동대응 또는 협력이 필요한 경우에는 관계 기관에 이를 요청할 수 있다. 이 경우 요청을 받은 기관의 장은 특별한 사유가 없으면 이에 따라야 한다.

② 제1항에 따라 공동대응 또는 협력을 요청받은 관계 기관은 신속하고 안전하게 위험 발생의 방지, 범죄의 예방·진압, 구호대상자의 구조 등 필요한 조치를 하여야 한다.

③ 제2항에 따라 필요한 조치를 한 관계 기관은 해당 112신고와 관련하여 범죄의 혐의가 있다고 인정할 만한 상당한 이유가 있어 계속 수사할 필요가 있다고 판단되는 경우 지체 없이 해당 수사기관에 인계하여야 한다.

④ 제1항부터 제3항까지에 따른 공동대응·협력 요청, 관계 기관의 조치, 수사기관 인계 및 그 밖에 필요한 사항은 대통령령으로 정한다.

제10조(112신고자에 대한 보호 등) ① 국가는 112신고를 처리할 때 112신고를 한 사람(이하 "112신고자"라 한다)이 범죄(이미 행하여졌거나 진행 중인 범죄와 눈앞에서 행하여지려고 하고 있다고 인정되는 범죄를 포함한다. 이하 같다) 피해자, 범죄를 목격한 사람, 그 밖에 각종 사건·사고 등 위급한 상황에서 구조를 요청한 사람에 해당하는 경우 그 신고자를 보호하여야 한다.

② 경찰청장등은 다음 각 호의 어느 하나에 해당하는 경우를 제외하고 112신고에 사용된 전화번호, 112신고자의 이름·주소·성별·나이·음성과 그 밖에 112신고자를 특정하거나 유추하는 데 사용될 수 있는 일체의 정보(이하 "112신고자 정보"라 한다)를 수집·이용 또는 제공하여서는 아니 된다.

1. 112신고의 처리를 위하여 112신고자 정보를 활용하는 경우

2. 112신고자가 동의하는 경우

3. 이 법 또는 다른 법률에 특별한 규정이 있는 경우

③ 누구든지 제2항에 따른 112신고자 정보를 112신고 접수·처리 이외의 목적에 이용하여서는 아니 된다.

④ 제2항 각 호에 따라 수집·이용 또는 제공하는 112신고자 정보는 해당 업무를 수행하기 위하여 필요한 최소한의 범위에 그쳐야 한다.

제11조(출동 현장의 촬영·관리) ① 경찰청장등은 112신고를 처리할 때 112치안종합상황실에서 출동 현장의 상황 등을 실시간으로 확인하고 지휘하기 위한 목적으로 순찰차 등에 영상촬영장치를 설치하여 출동 현장을 촬영할 수 있다.

② 제1항에 따라 수집된 영상정보의 보관·이용·폐기의 기간·방법·절차, 그 밖에 필요한 사항은 대통령령으로 정한다.

③ 제1항에 따라 촬영된 영상정보의 보호 및 관리에 관한 사항은 이 법에서 정한 것을 제외하고는 「개인정보 보호법」에 따른다.

제12조(112신고의 기록·보존 등) ① 경찰청장등은 112신고의 접수·처리 상황을 제13조에 따른 112시스템에 입력·녹음·녹화 등의 방법으로 기록하고 보존하여야 한다.

② 제1항에 따른 112신고 접수·처리 상황의 기록 방법·범위, 보존기간, 관리 및 폐기 등에 필요한 사항은 대통령령으로 정한다.

제3장 112시스템의 구축·운영 등

제13조(112시스템의 구축·운영) ① 경찰청장은 112신고의 접수·처리, 112신고 정보의 공유·이관 및 공동 대응 등에 필요한 정보시스템(이하 "112시스템"이라 한다)을 구축·운영하여야 한다.

② 제1항에 따른 112시스템의 구축·운영에 필요한 사항은 대통령령으로 정한다.

제14조(다른 정보시스템과의 연계) ① 경찰청장 및 시·도경찰청장은 급박한 사람의 생명, 신체, 재산의 보호를 위한 112신고 처리를 위하여 112신고 정보 등의 공유가 필요한 경우 관계 기관의 장에게 112시스템과 해당 기관의 정보시스템과의 연계를 요청할 수 있다.

② 경찰청장 및 시·도경찰청장은 제1항에 따라 관계 기관의 장에게 정보시스템의 연계를 요청할 경우 해당 기관의 장과 사전에 협의하여야 한다.

③ 제1항에 따른 정보시스템의 연계 기준·방법 및 절차, 관계 기관, 연계 정보의 범위 등에 필요한 사항은 대통령령으로 정한다.

제4장 보칙

제15조(교육·훈련 및 홍보) ① 경찰청장은 112시스템의 운영과 관련하여 전문인력의 양성과 기술향상에 필요한 교육·훈련 프로그램을 운영하여야 한다.

② 경찰청장등은 112신고의 서비스 편의성 개선 및 편리한 이용을 위하여 필요한 경우 대국민 홍보를 하여야 한다.

③ 제1항에 따른 교육·훈련 프로그램의 운영에 필요한 사항은 대통령령으로 정한다.

제16조(112신고자 포상) ① 경찰청장등은 112신고를 통하여 범죄를 예방하고 다른 사람의 생명·신체 및 재산을 보호하는 데 기여한 공이 큰 112신고자에 대하여 포상을 하거나 예산의 범위에서 포상금을 지급할 수 있다.

② 제1항에 따른 포상 및 포상금의 지급 대상·기준·방법 및 절차 등에 관한 구체적인 사항은 대통령령으로 정한다.

제5장 벌칙

제17조(벌칙) 제10조제3항을 위반하여 112신고자 정보를 목적 외의 용도로 이용한 자는 5년 이하의 징역 또는 5천만원 이하의 벌금에 처한다.

제18조(과태료) ① 제4조제2항을 위반하여 범죄나 각종 사건·사고 등 위급한 상황을 거짓으로 꾸며 112신고를 한 사람에게는 500만원 이하의 과태료를 부과한다.

② 정당한 사유 없이 제8조제3항에 따른 토지·물건 등의 일시사용, 사용의 제한, 처분 또는 토지·건물·배 또는 차에 출입을 거부 또는 방해한 자에게는 300만원 이하의 과태료를 부과한다.

③ 정당한 사유 없이 제8조제4항에 따른 피난 명령을 위반한 자에게는 100만원 이하의 과태료를 부과한다.

④ 제1항부터 제3항까지에 따른 과태료는 대통령령으로 정하는 바에 따라 경찰청장등이 부과·징수한다.

부칙 <제19870호, 2024. 1. 2.>

이 법은 공포 후 6개월이 경과한 날부터 시행한다.

112치안종합상황실 운영 및 신고처리 규칙(경찰청예규) 〈개정 23. 10. 27.〉

제3조(정의) 이 규칙에 사용되는 용어의 정의는 다음과 같다.

1. "112신고"란 범죄피해자 또는 범죄를 인지한 자가 유·무선전화, **문자메시지** 등 다양한 통신수단을 활용하여 특수전화번호인 112로 신속한 경찰력의 발동을 요청하는 것을 말한다.

2. **"112신고처리"란** 112신고의 목적 달성을 위하여 이루어지는 접수·지령·현장출동·현장조치·종결 등 **일련의 처리과정**을 말한다.

3. "112종합상황실"이란 112신고 및 치안상황의 즉응·적정 처리를 위해 시·도경찰청 또는 경찰서에 설치·운영하는 부서를 말한다.

4. "**112시스템**"이란 112신고의 접수·지령·전파 및 순찰차 배치에 활용하는 **전산 시스템**을 말한다.

5. "**접수**"란 112신고 등을 받아 사건의 내용을 확인하고, 112시스템에 신고내용을 입력하여 처리에 착수하는 것을 말한다.

6. "**지령**"이란 전산망 또는 무선망을 통해 **112신고사항을 출동요소에 전파**하여 처리토록 하는 것을 말한다.

7. "**출동요소**"란 112순찰차, 형사기동대차, 교통순찰차, 고속도로순찰차, 지구대·파출소의 근무자 및 인접 경찰관서의 근무자 등을 말한다.

8. "**112요원**"이란 112종합상황실에 근무하는 112신고 및 치안상황 처리 업무에 종사하는 자를 말한다.

※ 112순찰차 근무자는 112요원이 아닌 출동요소에 해당한다.

9. "긴급신고대응기관"이란 긴급신고전화를 국민, 기관내의 각 부서, 소속기관 및 그 산하기관 등에 전달할 책임이 있는 다음 각 목의 기관 및 부서를 말한다.

　가. 경찰청

　나. 소방청

　다. 해양경찰청

　라. 시·도경찰청 112치안종합상황실

　마. 시·도 소방본부 119종합상황실

　바. 지방 해양경찰관서 종합상황실

제6조(근무자 선발 원칙 및 근무기간) ① 시·도경찰청장 및 경찰서장은 112요원을 배치할 때에는 관할구역 내 지리감각, 언어 능력 및 상황 대처능력이 뛰어난 경찰공무원을 선발·배치하여야 한다.

② **112요원의 근무기간은 2년 이상으로 한다.** 〈22채용〉

제8조(신고의 접수) ② 국민이 112신고 이외 경찰관서별 **일반전화 또는 직접 방문 등으로** 경찰관의 현장출동을 필요로 하는 사건의 신고를 한 경우 해당 신고를 받은 자가 접수한다. 이 때 접수한 자는 **112시스템에 신고내용을 입력하여야 한다.** 〈22채용〉

③ 112신고자가 그 처리 결과를 통보받고자 희망하는 경우에는 신고처리 종료 후 그 결과를 통보하여야 한다.

제9조(112신고의 분류) ① 112요원은 초기 신고내용을 최대한 합리적으로 판단하여 112신고를 분류하여 업무처리를 한다. 【실현 잠수민】

② 접수자는 신고내용을 토대로 사건의 긴급성과 출동필요성에 따라 다음 각 호와 같이 112신고의 대응코드를 분류한다.

　1. code 0 신고 : code 1 신고 중 이동성 범죄, 강력범죄 현행범인 등 **실**시간 전파가 필요한 경우 〈24승진〉

　2. code 1 신고 : 생명·신체에 대한 위험 발생이 임박, 진행 중, 직후인 경우 또는 **현행**범인인 경우

　3. code 2 신고 : 생명·신체에 대한 **잠재**적 위험이 있는 경우 또는 범죄예방 등을 위해 필요한 경우

　4. code 3 신고 : 즉각적인 현장조치는 불필요하나 **수사**, 전문상담 등이 필요한 경우 〈23승진〉

　5. code 4 신고 : 긴급성이 없는 **민원**·상담 신고

③ 접수자는 불완전 신고로 인해 정확한 신고내용을 파악하기 힘든 경우라도 신속한 처리를 위해 우선 임의의 코드로 분류하여 하달할 수 있다. 〈24승진〉

④ 시·도경찰청·경찰서 지령자 및 현장 출동 경찰관은 접수자가 제2항부터 제3항과 같이 코드를 분류한 경우라도 추가 사실을 확인하여 코드를 변경할 수 있다. 〈23승진〉

제10조(지령) ① 112요원은 접수한 신고 내용이 <u>code 0 신고부터 code 3 신고의 유형에 해당하는 경우에는 1개 이상의 출동요소에</u> 출동장소, 신고내용, 신고유형 등을 고지하고 처리하도록 지령해야 한다.

② 112요원은 접수한 신고의 내용이 <u>code 4 신고의 유형에 해당하는 경우에는 출동요소에 지령하지 않고 자체 종결하거나, 소관기관이나 담당 부서에 신고내용을 통보하여 처리하도록</u> 조치해야 한다. 〈24승진, 22채용〉

제11조(신고의 이첩) ① 112요원은 다른 관할 지역에서의 출동조치가 필요한 112신고를 접수한 때에는 지체 없이 관할 112치안종합상황실에 통보한다.

② 제1항의 통보를 받은 관할 112치안종합상황실에서는 이첩된 112신고를 제8조에 따라 접수된 것과 동일하게 처리한다.

③ 제1항의 통보는 112시스템에 의한 방법, 전화·팩스에 의한 방법 등을 포함한다. 다만, 전화·팩스에 의한 방법으로 통보한 경우에는 112시스템에 추후 입력하는 방식으로 별도 기록을 유지해야 한다.

제12조(신고의 공조) ① 112요원은 접수한 신고의 처리와 관련하여 다른 관할 지역에서의 공조 출동 등 별도 조치가 필요한 경우에는 협조가 필요한 사항 등을 적시하여 관할 112치안종합상황실에 공조를 요청할 수 있다.

② 제1항의 공조 요청을 받은 관할 112치안종합상황실에서는 요청받은 사항에 대해 조치를 취하고 그 결과를 통보하여야 한다. 이때 통보의 방법은 제11조제3항의 규정을 따른다.

제13조(신고의 이관·공동대응 등) ① 112요원은 <u>다른 긴급신고대응기관</u>(이하 "긴급기관"이라 한다)의 출동 조치가 필요한 신고를 접수한 때에는 지체 없이 해당 긴급기관에 <u>신고를 이관한다.</u>

② 112요원은 <u>다른 긴급기관의 공동대응이 필요한 신고를 접수한 때에는 지체 없이 해당 긴급기관에 공동 대응 요청해야 한다.</u>

③ 다른 긴급기관의 공동대응 요청을 받은 112요원은 요청받은 사항에 대해 출동요소를 현장에 출동시켜 조치하고, 그 결과를 요청기관에 통보해야 한다. 다만, 사건 종료 또는 상황 변화로 인해 공동대응 요청 기관의 공동대응 요청이 철회된 경우에는 그러하지 아니하다.

제14조(현장출동) ① 제10조제1항의 지령을 받은 출동요소는 신고유형에 따라 다음 각 호의 기준에 따라 현장에 출동해야 한다.

　　1. <u>code 0 신고, code 1 신고</u>: code 2 신고, code 3 신고의 처리 및 다른 업무에 우선하여 최우선 출동

　　2. <u>code 2 신고</u>: code 0 신고, code 1 신고의 처리 및 다른 중요한 업무에 지장을 초래하지 않는 범위 내에서 출동

　　3. <u>code 3 신고</u>: 당일 근무시간 내에 출동

② 제1항제1호에 따른 출동을 하는 출동요소는 소관업무나 관할 등을 이유로 출동을 거부하거나 지연 출동 해서는 아니 된다.

③ 모든 출동요소는 사건 장소와의 거리, 사건의 유형 등을 고려하여 신고 대응에 가장 적합한 상태에 있다고 판단될 경우 별도의 출동 지령이 없더라도 스스로 출동의사를 밝히고 출동하는 등 112신고에 적극적으로 대응해야 한다.

제18조(112신고처리의 종결) 112요원은 다음 각 호의 경우 112신고처리를 종결할 수 있다. 다만, **타 부서의 계속적 조치가 필요한 경우 해당부서에 사건을 인계한 이후 종결하여야 한다.** 〈23승진〉

1. 사건이 해결된 경우

2. 신고자가 신고를 취소한 경우. 다만, 신고자와 취소자가 동일인인지 여부 및 취소의 사유 등을 파악하여 신고취소의 진의 여부를 확인하여야 한다.

3. 추가적 수사의 필요 등으로 사건 해결에 장시간이 소요되어 해당 부서로 인계하여 처리하는 것이 효과적인 경우

4. 허위·오인으로 인한 신고 또는 경찰 소관이 아닌 내용의 사건으로 확인된 경우

5. 현장에 출동하였으나 사건 내용을 확인할 수 없으며, 사건이 실제 발생하였다는 사실도 확인되지 않는 경우

6. 그 밖에 상황관리관, 112종합상황실(팀)장이 초동조치가 종결된 것으로 판단하는 경우

제24조(자료보존기간) ① 112종합상황실 자료의 보존기간은 다음 각 호의 기준에 따른다.

1. 112신고 접수처리 입력자료는 1년간 보존 〈22채용〉

   ※ 사건내용, 출동 시간·장소·근무자, 처리결과등

2. 112신고 접수 및 무선지령내용 녹음자료는 24시간 녹음하고 3개월간 보존 〈24승진, 22채용〉

3. 그 밖에 문서 및 일지는 「공공기관의 기록물 관리에 관한 법률」에서 정하는 바에 따라 보존

재난 및 안전관리 기본법 〈시행 24. 3. 27.〉

제19조(재난 신고 등) ① 누구든지 재난의 발생이나 재난이 발생할 징후를 발견하였을 때에는 즉시 그 사실을 시장·군수·구청장·긴급구조기관, 그 밖의 관계 행정기관에 신고하여야 한다.

② 경찰관서의 장은 업무수행 중 재난의 발생이나 재난이 발생할 징후를 발견하였을 때에는 즉시 그 사실을 그 소재지 관할 시장·군수·구청장과 관할 긴급구조기관의 장에게 알려야 한다. 〈24.6.27.시행〉

제66조의11(지역축제 개최 시 안전관리조치) ① 중앙행정기관의 장 또는 지방자치단체의 장은 대통령령으로 정하는 지역축제를 개최하려면 해당 지역축제가 안전하게 진행될 수 있도록 지역축제 안전관리계획을 수립하고, 그 밖에 안전관리에 필요한 조치를 하여야 한다. 다만, 다중의 참여가 예상되는 지역축제로서 개최자가 없거나 불분명한 경우에는 참여 예상 인원의 규모와 장소 등을 고려하여 대통령령으로 정하는 바에 따라 관할 지방자치단체의 장이 지역축제 안전관리계획을 수립하고 그 밖에 안전관리에 필요한 조치를 하여야 한다. 〈24.3.27.시행〉

② 행정안전부장관 또는 시·도지사는 제1항에 따른 지역축제 안전관리계획의 이행 실태를 지도·점검할 수 있으며, 점검결과 보완이 필요한 사항에 대해서는 관계 기관의 장에게 시정을 요청할 수 있다. 이 경우 시정 요청을 받은 관계 기관의 장은 특별한 사유가 없으면 요청에 따라야 한다.

③ 중앙행정기관의 장 또는 지방자치단체의 장 외의 자가 대통령령으로 정하는 지역축제를 개최하려는 경우에는 해당 지역축제가 안전하게 진행될 수 있도록 지역축제 안전관리계획을 수립하여 대통령령으로 정하는 바에 따라 관할 시장·군수·구청장에게 사전에 통보하고, 그 밖에 안전관리에 필요한 조치를 하여야 한다. 지역축제 안전관리계획을 변경하려는 때에도 또한 같다.

④ 제3항에 따른 통보를 받은 관할 시장·군수·구청장은 필요하다고 인정되는 때에는 지역축제 안전관리계획에 대하여 보완을 요구할 수 있다. 이 경우 보완을 요구받은 자는 정당한 사유가 없으면 이에 따라야 한다.

⑤ 제1항 또는 제3항에 따른 지역축제의 안전관리를 위하여 필요한 경우 중앙행정기관의 장 또는 지방자치단체의 장(제3항에 따른 지역축제의 경우에는 관할 시장·군수·구청장을 말한다. 이하 이 항 및 제6항에서 같다)은 관할 경찰관서, 소방관서 및 그 밖에 관계 기관의 장에게 협조 또는 해당 기관의 소관 사항에 대한 역할 분담을 요청할 수 있다. 이 경우 요청을 받은 기관의 장은 특별한 사유가 없으면 이에 따라야 한다. 〈신설 2023. 12. 26.〉

⑥ 제1항 또는 제3항에 따른 지역축제의 안전관리를 위하여 필요한 경우 중앙행정기관의 장 또는 지방자치단체의 장은 대통령령으로 정하는 바에 따라 관할 경찰관서, 소방관서 및 그 밖에 관계 기관·단체 등이 참여하는 지역안전협의회를 구성·운영할 수 있다.

⑦ 제1항부터 제4항까지의 규정에 따른 지역축제 안전관리계획의 내용, 수립절차 및 제5항에 따른 협조 또는 역할 분담의 요청 등에 필요한 사항은 대통령령으로 정한다.

특정중대범죄 피의자 등 신상정보 공개에 관한 법률 〈제정 24. 1. 25.〉

제2조(정의) 이 법에서 "특정중대범죄"란 다음 각 호의 어느 하나에 해당하는 죄를 말한다.

1. 「형법」 제2편제1장 내란의 죄 및 같은 편 제2장 외환의 죄
2. 「형법」 제114조(범죄단체 등의 조직)의 죄
3. 「형법」 제119조(폭발물 사용)의 죄
4. 「형법」 제164조(현주건조물 등 방화)제2항의 죄
5. 「형법」 제2편제25장 **상해와 폭행의 죄 중** 제258조(중상해, 존속중상해), 제258조의2(특수상해), 제259조 (상해치사) 및 제262조(폭행치사상)의 죄. 다만, 제262조(폭행치사상)의 죄의 경우 **중상해 또는 사망에 이른 경우에 한정한다.**
6. 「**특정강력범죄**의 처벌에 관한 특례법」 제2조의 특정강력범죄
7. 「**성폭력범죄**의 처벌 등에 관한 특례법」 제2조의 성폭력범죄
8. 「**아동·청소년의 성보호**에 관한 법률」 제2조제2호의 아동·청소년대상 성범죄. 다만, 같은 법 제13조, 제14조제3항, 제15조제2항·제3항 및 제15조의2의 죄는 제외한다.
9. 「**마약류** 관리에 관한 법률」 제58조의 죄. 다만, 같은 조 제4항의 죄는 제외한다.
10. 「마약류 불법거래 방지에 관한 특례법」 제6조 및 제9조제1항의 죄
11. 제1호부터 제10호까지의 죄로서 다른 법률에 따라 가중처벌되는 죄

제3조(다른 법률과의 관계) 수사 및 재판 단계에서 신상정보의 공개에 대하여는 다른 법률의 규정에도 불구하고 이 법을 우선 적용한다.

제4조(피의자의 신상정보 공개) ① 검사와 사법경찰관은 다음 각 호의 요건을 모두 갖춘 특정중대범죄사건의 피의자의 얼굴, 성명 및 나이(이하 "신상정보"라 한다)를 공개할 수 있다. 다만, **피의자가 미성년자인 경우 에는 공개하지 아니한다.**

1. 범행수단이 **잔**인하고 중대한 피해가 발생하였을 것(제2조제3호부터 제6호까지의 죄에 한정한다)
2. 피의자가 그 죄를 범하였다고 믿을 만한 **충**분한 증거가 있을 것
3. 국민의 알권리 보장, 피의자의 재범 방지 및 범죄예방 등 오로지 **공공**의 이익을 위하여 필요할 것

② 검사와 사법경찰관은 제1항에 따라 **신상정보 공개를 결정할 때에는 범죄의 중대성, 범행 후 정황, 피해자 보호 필요성, 피해자(피해자가 사망한 경우 피해자의 유족을 포함한다)의 의사 등을 종합적으로 고려**하여야 한다.

③ 검사와 사법경찰관은 제1항에 따라 신상정보를 공개할 때에는 피의자의 인권을 고려하여 신중하게 결정하고 이를 남용하여서는 아니 된다.

④ 제1항에 따라 공개하는 **피의자의 얼굴은 특별한 사정이 없으면 공개 결정일 전후 30일 이내의 모습**으로 한다. 이 경우 검사와 사법경찰관은 다른 법령에 따라 적법하게 수집·보관하고 있는 사진, 영상물 등이 있는 때에는 이를 활용하여 공개할 수 있다.

⑤ 검사와 사법경찰관은 제1항에 따라 피의자의 얼굴을 공개하기 위하여 필요한 경우 피의자를 식별할 수 있도록 **피의자의 얼굴을 촬영할 수 있다. 이 경우 피의자는 이에 따라야 한다.**

⑥ 검사와 사법경찰관은 제1항에 따라 피의자의 신상정보 공개를 결정하기 전에 **피의자에게 의견을 진술할 기회를 주어야 한다.** 다만, 신상정보공개심의위원회에서 피의자의 의견을 청취한 경우에는 이를 생략할 수 있다.

⑦ 검사와 사법경찰관은 피의자에게 신상정보 **공개를 통지한 날부터 5일 이상의 유예기간**을 두고 신상정보를 공개하여야 한다. 다만, 피의자가 신상정보 공개 결정에 대하여 서면으로 이의 없음을 표시한 때에는 유예기간을 두지 아니할 수 있다.

⑧ 검사와 사법경찰관은 **정보통신망을 이용하여 그 신상정보를 30일간 공개한다.**

⑨ 신상정보의 공개 등에 관한 절차와 방법 등 그 밖에 필요한 사항은 대통령령으로 정한다.

집회 및 시위에 관한 법률 시행령 〈개정 23. 10. 17.〉

확성기등의 소음기준(제14조 관련)

소음도 구분		대상 지역	시간대		
			주간 (07:00~해지기 전)	야간 (해진 후~24:00)	심야 (00:00~07:00)
대상 소음도	등가소음도 (Leq)	주거지역, 학교, 종합병원	65 이하	60 이하	55 이하
		공공도서관	65 이하	60 이하	
		그 밖의 지역	75 이하	65 이하	
	최고소음도 (Lmax)	주거지역, 학교, 종합병원	85 이하	80 이하	75 이하
		공공도서관	85 이하	80 이하	
		그 밖의 지역	95 이하		

1. 확성기등의 소음은 관할 경찰서장(현장 경찰공무원)이 측정한다.

2. 소음 측정 장소는 피해자가 위치한 건물의 외벽에서 소음원 방향으로 1 ~ 3.5m 떨어진 지점으로 하되, 소음도가 높을 것으로 예상되는 지점의 지면 위 1.2 ~ 1.5m 높이에서 측정한다. 다만, 주된 건물의 경비 등을 위하여 사용되는 부속 건물, 광장·공원이나 도로상의 영업시설물, 공원의 관리사무소 등은 소음 측정 장소에서 제외한다. 〈21채용〉

3. 제2호의 장소에서 확성기등의 대상소음이 있을 때 측정한 소음도를 측정소음도로 하고, 같은 장소에서 확성기등의 대상소음이 없을 때 5분간 측정한 소음도를 배경소음도로 한다. 〈22승진〉

4. 측정소음도가 배경소음도보다 10dB 이상 크면 배경소음의 보정 없이 측정소음도를 대상소음도로 하고, 측정소음도가 배경소음도보다 3.0 ~ 9.9dB 차이로 크면 아래 표의 보정치에 따라 측정소음도에서 배경소음을 보정한 소음도를 대상소음도로 하며, 측정소음도가 배경소음도보다 3dB 미만으로 크면 다시 한 번 측정소음도를 측정하고, 다시 측정하여도 3dB 미만으로 크면 확성기등의 소음으로 보지 아니한다.
〈보정표 생략〉

5. 등가소음도는 10분간(소음 발생 시간이 10분 이내인 경우에는 그 발생 시간 동안을 말한다) 측정한다. 다만, 다음 각 목에 해당하는 대상 지역의 경우에는 등가소음도를 5분간(소음 발생 시간이 5분 이내인 경우에는 그 발생 시간 동안을 말한다) 측정한다.
가. 주거지역, 학교, 종합병원
나. 공공도서관

6. 최고소음도는 확성기등의 대상소음에 대해 매 측정 시 발생된 소음도 중 가장 높은 소음도를 측정하며, 동일한 집회·시위에서 측정된 최고소음도가 1시간 내에 3회 이상 위 표의 최고소음도 기준을 초과한 경우 소음기준을 위반한 것으로 본다. 다만, 다음 각 목에 해당하는 대상 지역의 경우에는 1시간 내에 2회 이상 위 표의 최고소음도 기준을 초과한 경우 소음기준을 위반한 것으로 본다.
가. 주거지역, 학교, 종합병원
나. 공공도서관

7. 다음 각 목에 해당하는 행사(중앙행정기관이 개최하는 행사만 해당한다)의 진행에 영향을 미치는 소음에 대해서는 그 행사의 개최시간에 한정하여 위 표의 주거지역의 소음기준을 적용한다. 〈22승진〉
가. 「국경일에 관한 법률」 제2조에 따른 국경일의 행사
나. 「각종 기념일 등에 관한 규정」 별표에 따른 각종 기념일 중 주관 부처가 국가보훈부인 기념일의 행사

8. 그 밖에 소음의 측정방법 등에 관한 사항은 「환경분야 시험·검사 등에 관한 법률」 제6조제1항제2호에 따른 소음 및 진동 분야 환경오염공정시험기준 중 생활소음 기준에 따른다.

박문각
경찰

두문자로 쏙쏙 암기하는
아름다운 **두**문자 **스토리** **경찰학!**

CHAPTER

06

경찰학 총론 주요판례 요약

06 | 경찰학 총론 주요판례 요약

구체적 위험과 추상적 위험

1. 도로교통법 위반(음주운전)죄는 운전자가 혈중 알코올농도의 최저기준치를 초과한 주취상태에서 자동차 등을 운전한 경우에는 구체적으로 정상적인 운전이 곤란한지 여부와 상관없이 추상적으로 도로교통상의 위험이 발생한 것으로 본다(대판 2008도7143).

2. 음주로 인한 특정범죄가중처벌 등에 관한 법률 위반(위험운전치사상)죄는 혈중 알코올농도의 법정 최저기준치를 초과하였는지 여부와는 상관없이 운전자가 음주의 영향으로 실제 정상적인 운전이 곤란한 상태에 있어야만 한다(대판 2008도7143).
   ⇒ 음주 운전자의 비정상적인 주행 때문에 발생한 사고가 아니라고 하더라도 음주운전으로 사람을 다치게 하였다면 특정범죄 가중처벌 등에 관한 법률 위반(위험운전치사상)죄가 성립한다. (×)

3. 음주로 인한 특정범죄가중처벌 등에 관한 법률 위반(위험운전치사상)죄와 도로교통법 위반(음주운전)죄가 모두 성립하는 경우 두 죄는 실체적 경합관계에 있다(대판 2008도7143).
   ⇒ 특정범죄가중처벌 등에 관한 법률 위반(위험운전치사상)죄가 성립하면 도로교통법 위반(음주운전)죄는 이에 흡수된다. (×)
   ⇒ 음주 운전자의 비정상적인 주행 때문에 발생한 사고가 아니라고 하더라도 음주운전으로 사람을 다치게 하였다면 특정범죄 가중처벌 등에 관한 법률 위반(위험운전치사상)죄가 성립한다. (×)

> 도교법 제44조(술에 취한 상태에서의 운전 금지) ① 누구든지 술에 취한 상태에서 자동차등(「건설기계관리법」 제26조제1항 단서에 따른 건설기계 외의 건설기계를 포함한다. 노면전차 또는 자전거를 운전하여서는 아니 된다.

> ④ 제1항에 따라 운전이 금지되는 술에 취한 상태의 기준은 운전자의 혈중알코올농도가 0.03퍼센트 이상인 경우로 한다.
> 교특법 제3조(처벌의 특례) ① 차의 운전자가 교통사고로 인하여 「형법」 제268조의 죄를 범한 경우에는 5년 이하의 금고 또는 2천만원 이하의 벌금에 처한다.

> 특가법 제5조의11(위험운전 등 치사상) ① 음주 또는 약물의 영향으로 정상적인 운전이 곤란한 상태에서 자동차(원동기장치자전거를 포함한다)를 운전하여 사람을 상해에 이르게 한 사람은 1년 이상 15년 이하의 징역 또는 1천만원 이상 3천만원 이하의 벌금에 처하고, 사망에 이르게 한 사람은 무기 또는 3년 이상의 징역에 처한다.

※ 인피 음주사고의 경우 변호사는 정상적 운전 상태였음을 입증하여 특가법이 아닌 교특법이 적용되도록 노력한다.

언론중재 및 피해구제 등에 관한 법률

1. **피해자(언론사X)는** 언론보도 등이 진실하지 아니하다는 **증명책임을 부담한다**(대판 2009다52649).
2. **사실적 주장과 의견표명이 혼재할 경우** 언론보도가 게재한 문맥의 보다 넓은 의미나 배경이 되는 사회적 흐름 및 시청자에게 주는 **전체적인 인상도 함께 고려하여야 한다**(대판 2009다52649).
3. 언론보도의 진실성은 그 내용 전체의 취지를 살펴보아 **중요한 부분이 객관적 사실과 합치되는 것일 때 인정되며 세부적인 면에서 진실과 약간 차이가 나거나 다소 과장된 표현이 있더라도 무방하다**(대판 2009다52649).

4. 복잡한 사실관계를 알기 쉽게 단순하게 만드는 과정에서 다소의 수사적 과장이 있더라도 중요 부분이 진실에 합치한다면 그 보도의 진실성은 인정된다(대판 2009다52649).

5. 언론이 논쟁적인 주제에 관한 과학적 연구에 근거하여 그 과학적 연구의 한계나 아직 진위가 밝혀지지 아니한 상태라는 점에 관한 언급 없이 **그 과학적 연구에서 주장된 바를 과학적 사실로서 단정적으로 보도하였다면** 그 과학적 사실에 관한 언론보도는 **진실하지 아니한 것이다**(대판 2009다52649).

6. 당해 언론매체를 통하여 **이미 원보도와 같은 비중으로 이미 충분한 정정보도가 이루어져서** 정정보도 청구의 목적이 달성된 경우 피해자의 정정보도청구권의 행사에 **정당한 이익이 없다**(대판 2009다52649).

7. 정정보도를 구하는 내용이 원보도에 보도된 내용의 본질적인 핵심에 관련되지 못하고 **지엽말단적인 사소한 것에만 관련되어 있을 뿐이라라면** 피해자의 정정보도청구권의 행사에 **정당한 이익이 없다**(대판 2009다52649).

8. 언론사가 잘못된 보도에 대해 추후 **자체적으로 정정보도를 했다고 하더라도 그 보도가 형식적인 측면에서 원보도의 그것과 균형을 이루지 못한 경우에는** 진실에 반하는 원보도의 사실적 주장으로 인한 피해를 입은 피해자는 **여전히 정정보도청구에 정당한 이익이 있다**(대판 2009다52649).

9. '우리 정부가 독자적으로 어떤 조치를 취할 수 없고 미국 정부와 협의를 거쳐야 한다'는 취지의 보도는 **의견을 표명한 것**이라고 보아야 한다.

10. 추후보도청구권은 언론등에 의하여 범죄혐의가 있거나 형사상의 조치를 받았다고 보도 또는 공표된 자가 그에 대한 형사절차가 **불기소처분(무혐의)으로 종결되었을 때에도 추후보도의 게재를 청구할 수 있다**(서울중앙지법 2020가합56482).

👮 공공기관의 정보공개에 관한 법률

1. 정보공개청구자는 공개를 요구하는 정보를 공공기관이 보유하고 있을 상당한 개연성이 있다는 점에 대하여 입증책임이 있으며, **공공기관은 그 정보를 보유하고 있지 않다는 점에 대한 증명책임**이 있다(대판 2010두18918).

2. **국가정보원의 조직·소재지 및 정원에 관한 정보는 비공개 사항에 해당한다**(대판 2010두18918).

3. **보안관찰법 소정의 보안관찰 관련 통계자료는** 대남공작활동이 유리한 지역으로 보안관찰처분 대상자가 많은 지역을 선택하는 등으로 악용될 우려가 있으므로 **비공개대상 정보에 해당한다**(대판 2001두8254).

4. **공무원이 직무와 관련 없이 개인적인 자격으로** 시장이 주최한 간담회·연찬회 등 행사에 참석하고 금품을 수령한 정보는 **비공개대상 정보에 해당한다**(대판 2003두8050).

5. **공공기관은** 정보공개청구자가 선택한 공개방법에 따라 정보를 공개하여야 하므로 **그 공개방법을 선택할 재량권이 없다**(대판 2003두8050).

6. **청구인이 신청한 공개방법 이외의 방법으로 공개하기로 하는 결정을 하였다면**, 이는 정보공개방법에 관한 부분에 대하여 일부 거부처분을 한 것으로 보아야 하고, 청구인은 그에 대하여 **항고소송으로 다툴 수 있다**(대판 2016두44674).

7. 피의자신문조서 등에 기재된 피의자 등의 **인적사항 이외의 진술내용 역시 개인의 사생활의 비밀 또는 자유를 침해할 우려가 인정되는 경우 비공개대상에 해당한다**(대판 2011두2361).

🧑‍🏫 법치행정의 원칙

1. 혼합살수방법은 법령에 열거되지 않은 **새로운 위해성 경찰장비에 해당하므로** '살수차 운용지침'(2014. 4. 3.)은 법률유보원칙에 위배되고 혼합살수행위 역시 법률유보원칙에 위배된다(헌재 2015헌마476).〈22채용〉

2. 법률유보의 원칙은 '법률에 의한' 규율만을 뜻하는 것이 아니라 '법률에 근거한' 규율을 요청하는 것이므로 **위임입법에 의하여도 기본권 제한을 할 수 있다**(헌재 2003헌마289).

3. 오늘날 법률유보원칙은 국민의 기본권실현에 관련된 영역에 있어서는 행정에 맡길 것이 아니라 **국민의 대표자인 입법자 스스로 그 본질적 사항에 대하여 결정하여야 한다는 요구까지 내포하는 것이다**(의회유보원칙) (헌재 2006헌바70).

4. 예산은 일종의 법규범이고 법률과 마찬가지로 국회의 의결을 거쳐 제정되지만 **법률과 달리 국가기관만을 구속할 뿐 일반국민을 구속하지 않는다**(헌재 2006헌마409).

청 내부의 사무처리준칙을 규정한 것에 지나지 아니하므로 대외적으로 국민이나 법원을 기속하는 효력이 없다(대판 96누5773).

5. **고시가 일반·추상적 성격을 가질 때는 법규명령 또는 행정규칙에 해당하지만, 고시가 구체적인 규율의 성격을 갖는다면 행정처분에 해당한다**(헌재 97헌마141).

6. 행정규칙이라도 **되풀이 시행되어 행정관행을 이루게 되면**, 행정기관은 **평등의 원칙이나 신뢰보호의 원칙에 따라** 자기구속을 당하고, 대외적 구속력을 가진 공권력의 행사가 된다(헌재 2004헌마670).

7. **위법한 행정처분에 대하여 자기구속력을 갖게 된다고 할 수 없다**(대판 2008두13132).

8. **법령보충적 행정규칙은 상위법령과 결합하여 상위법령의 일부가 됨으로써 대외적 구속력이 발생되는 것일 뿐 그 행정규칙 자체는 대외적 구속력을 갖는 것은 아니다**(헌재 99헌바91).

9. **관습법은 법령에 저촉되지 않는 한(성문법 개폐 효력 X) 법칙으로서의 효력이 있는 것이다**(대판 80다3231).

🧑‍🏫 경찰행정법의 법원

1. 구법에 **위임의 근거가 없어 무효였더라도 사후에 법 개정으로 위임의 근거가 부여되면 그 때부터는 유효한 법규명령**이 되고, 유효한 **법규명령이 법개정으로 위임의 근거가 없어지게 되면 그 때부터 무효인 법규명령이 된다**(대판 93추83).

2. 집행명령은 근거법령인 **상위법령이 폐지되면 특별한 규정이 없는 이상 실효되는 것이나, 상위법령이 개정됨에 그친 경우에는 당연히 실효되는 것은 아니고** 여전히 그 효력을 유지한다(대판 88누6962).

3. **법률이 행정규칙에 위임하더라도 그 행정규칙은 위임된 사항만을 규율할 수 있으므로**, 국회입법의 원칙과 상치되지도 않는다(헌재 2005헌바59).

4. 도로교통법시행규칙 [별표 16]의 **운전면허행정처분기준은 부령의 형식으로 되어 있으나, 행정**

🧑‍🏫 행정입법(법규명령과 행정규칙)

1. **조례에 대한 법률의 위임은 포괄적인 것으로 족하다**(헌재 92헌마264).

2. 법령의 위임이 없음에도 법령에 규정된 처분 요건에 해당하는 사항을 부령에서 변경하여 규정한 경우에는 행정명령의 성격을 지닐 뿐 **국민에 대한 대외적 구속력은 없다**(대판 2011두10584).

3. **행정입법부작위는 소송의 대상이 될 수 없다**(대판 91누11261).

4. 행정부 공무원이 정당한 이유 없이 행정입법의무를 게을리함으로써 원고들의 보수청구권을 침해하였다는 이유로 피고에 대하여 국가배상법에 따른 손해배상책임을 인정한 것은 정당하다(대판 2006다3561). ⇒ 입법부작위는 행정소송의 대상이 될 수는 없지만 불법행위로 인한 국가배상책임이 인정될 수는 있다.

5. **재량준칙이 공표된 것만으로는 행정의 자기구속의 원칙이 적용될 수 없고**, 재량준칙이 되풀이 시행되어 행정관행이 성립한 경우에 행정의 자기구속의 원칙이 적용될 수 있다(대판 2009두7967).

6. 어떠한 처분의 근거나 법적인 효과가 행정규칙에 규정되어 있다고 하더라도, 그 상대방의 권리의무에 직접 영향을 미치는 행위라면, 이 경우에도 항고소송의 대상이 되는 행정처분에 해당한다. **행정규칙에 의한 '불문경고조치'는** 법률상의 징계처분은 아니지만 **항고소송의 대상이 되는 행정처분에 해당한다**(대판 2001두3532).

7. 대법원은 법령의 위임을 받았더라도 **부령으로 정한 제재적 행정처분기준은 그 내용이 행정청 내부의 사무처리준칙을 규정한 것에 불과하여 행정규칙(재량준칙)으로 보며**(실질설), 법률의 위임을 받은 **대통령령은 그 내용에 불구하고 법규명령으로 본다**(형식설, 대판 99두5207).

8. 법령의 규정이 특정 행정기관에게 법령 내용의 구체적 사항을 정할 수 있는 권한을 부여하면서 권한행사의 절차나 방법을 특정하지 아니한 경우에는 수임 행정기관은 행정규칙이나 규정 형식으로 법령 내용이 될 사항을 구체적으로 정할 수 있다. 이 경우 행정규칙 등은 당해 법령의 위임한계를 벗어나지 않는 한 대외적 구속력이 있는 법규명령으로서 효력을 가지게 된다(대판 2010다72076). 〈20경간〉

👮 위임과 대리

1. **'전결'과 같은 행정권한의 내부위임은 법률이 위임을 허용하지 않는 경우에도 인정되는 것이므로,** 원래의 전결권자 아닌 보조기관 등이 처분권자인 행정관청의 이름으로 행정처분을 하였다고 하더라도 무효의 처분이 아니다(대판 97누1105).

2. 권한위임의 경우에는 수임관청이 자기의 이름으로 그 권한행사를 할 수 있지만 **내부위임의 경우에는 수임관청은 위임관청의 이름으로만 그 권한을 행사할 수 있을 뿐** 자기의 이름으로는 그 권한을 행사할 수 없다(대판 94누6475). 〈24승진〉

3. 행정처분을 행할 적법한 권한 있는 **상급행정청으로부터 내부위임을 받은 데 불과한 하급행정청이 권한 없이 행정처분을 한 경우에도 실제로 그 처분을 행한 하급행정청을 피고로 하여야 할** 것이지 그 처분을 행할 적법한 권한 있는 상급행정청을 피고로 할 것이 아니다(대판 90누5641).

4. 운전면허에 대한 정지처분권한은 경찰청장으로부터 경찰서장에게 권한위임된 것이므로 음주운전자를 적발한 단속 경찰관으로서는 관할 경찰서장의 명의로 운전면허정지처분을 대행처리할 수 있을지는 몰라도 자신의 명의로 이를 할 수는 없다 할 것이므로, **단속 경찰관이 자신의 명의로 운전면허행정처분통지서를 작성·교부하여 행한 운전면허정지처분은** 비록 그 처분의 내용·사유·근거등이 기재된 서면을 교부하는 방식으로 행하여졌다고 하더라도 권한 없는 자에 의하여 행하여진 점에서 **무효의 처분에 해당한다**(대판 97누2313).

5. 수임 및 수탁사무의 처리가 부당한지 여부의 판단은 위법성 판단과 달리 합목적적·정책적 고려도 포함되므로, 위임 및 위탁기관이 그 사무처리에 관하여 일반적인 지휘·감독을 하는 경우는 물론이고 나아가 수임 및 수탁사무의 처리가 부당하다는 이유로 그 사무처리를 취소하는 경우에도 광범위한 재량이 허용된다고 보아야 한다(대판 2016두55629). 〈23채용〉

6. 상위법령의 시행에 관하여 필요한 절차 및 형식에 관한 사항을 규정하는 집행명령은 위임명령과 달리 **헌법 제75조와 제95조에 근거하여 상위법률 등의 수권이 없이도 직권으로 발령될 수 있다.**

헌법 제75조 **대통령은** 법률에서 구체적으로 범위를 정하여 위임받은 사항과 **법률을 집행하기 위하여 필요한 사항에 관하여 대통령령을 발할 수 있다.**
헌법 제95조 **국무총리 또는 행정각부의 장은** 소관사무에 관하여 법률이나 대통령령의 위임 또는 **직권으로** 총리령 또는 부령을 발할 수 있다.

👤 경찰공무원의 임용

1. 대법원 1987. 4. 14. 선고 86누459 판결
   ① **공무원임용결격사유가 있는지의 여부는** 채용후보자 명부에 등록한 때가 아닌 **임용 당시에 시행되던 법률을 기준으로** 하여 판단하여야 한다.
   ② **임용당시 공무원임용결격사유가 있었다면** 비록 국가의 과실에 의하여 임용결격자임을 밝혀내지 못하였다 하더라도 **그 임용행위는 당연무효로** 보아야 한다.
   ③ 공무원으로 임용하였다가 **사후에 결격사유가 있는 자임을 발견하고 공무원 임용행위를 취소하는 것은** 당초부터 **당연무효이었음을 통지하여 확인시켜 주는 행위에 지나지 아니하는 것**이다(준법률적 행정행위의 통지에 해당하지 아니한다. 항고소송의 대상이 되는 처분이 아니다).
   ④ **임용결격자가 공무원으로 임용되어 사실상 근무하여 왔다고 하더라도** 그러한 피임용자는 위 법률소정의 **퇴직금청구를 할 수 없다.**
2. 경찰공무원이 재직 중 자격정지 이상의 형의 선고유예를 받음으로써 임용결격사유에 해당하게 되는 경우에 그 선고유예 판결의 확정일에 당연히 경찰공무원의 신분을 상실(당연퇴직)하게 되는 것이고, 나중에 선고유예기간(2년)이 경과하였다고 하더라도 경찰공무원의 신분이 회복되는 것은 아니다(대판 96누4275).

3. 직위해제되어 있던 중 임용결격사유가 발생하여 당연퇴직된 자에게 복직처분을 하였다고 하더라도 이 때문에 그 자가 공무원의 신분을 회복하는 것은 아니다(대판 96누4275).
4. 직위해제와 징계는 그 성질을 달리하는 것이어서 어느 사유로 인하여 징계를 받았다 하더라도 이를 이유로 새로이 직위해제를 할 수도 있다(대판 91다30729).
5. 사직원이 수리되어 면직되지 아니한 상태에서 3개월간 출근하지 아니한 행위는 소속 상관의 허가 없이 직장을 이탈한 것으로 징계책임을 진다(대판 91누3666).
6. **시험승진후보자명부에서의 삭제행위는 행정청 내부의 준비과정에 불과하고, 그 자체가 별도의 행정처분이 된다고 할 수 없다**(대판 97누7325).

👤 경찰공무원의 의무

1. 상관의 위법한 명령에 따라 범죄행위를 한 경우에는 상관의 명령에 따랐다고 하여 부하가 한 범죄행위의 위법성이 조각될 수는 없다(대판 96도3376).
2. 공무원이 여관을 매수하여 임대하는 행위는 영리업무에 종사하는 경우라고 할 수 없다(대판 82누46).
3. 행정기관이 비밀이라고 형식적으로 정한 것에 따를 것이 아니라 실질적으로 비밀로서 보호할 가치가 있는지 등이 객관적으로 검토되어야 한다. 기업의 비업무용 부동산 보유실태에 관한 감사원의 감사보고서의 내용이 '직무상 비밀'에 해당하지 않는다(대판 94누7171).
4. 국가공무원법 제66조의 '공무 이외의 일을 위한 집단적 행위'는 "공익에 반하는 목적을 위하여 직무전념의무를 해태하는 등의 영향을 가져오는 집단적 행위"라고 축소해석하여야 할 것이다(대판 90도2310).

국가공무원법 제66조(집단 행위의 금지) ① 공무원은 노동운동이나 그 밖에 **공무 외의 일을 위한 집단 행위를 하여서는 아니 된다.** 다만, 사실상 노무에 종사하는 공무원은 예외로 한다.

5. **장관 주재의 정례조회에서의 집단퇴장행위**는 '공무 외의 집단적 행위'에 해당한다(대판 91누9145).

6. '집단행위'에 해당하려면, 그 행위가 반드시 같은 시간, 장소에서 행하여져야 하는 것은 아니다. **발표문에 서명날인, 일제 휴가, 집단 조퇴, 초과근무 거부** 등과 같이 정부활동의 능률을 저해하기 위한 집단적 태업 행위로 볼 수 있는 경우는 집단성이 인정된다(대판 2014두8469).

7. **릴레이 1인 시위, 릴레이 언론기고, 릴레이 내부 전산망 게시**는 집단성이 있다고 보기 어렵다(대판 2014두8469).

8. 수사경찰관이 고소인에게 수사방향을 미리 알려 **추가고소를 하도록 종용**한 것이 징계사유(직무상 비밀엄수의무 위반)에 해당한다(대판 85누250).

9. 퇴폐행위특별단속계획을 사전에 전화로 알려주는 행위는 징계사유(직무상 비밀엄수의무 위반)에 해당한다(대판 83누9).

10. **공무원이 외부에 자신의 상사 등을 비판하는 의견을 발표**하는 행위는 국민들에게는 그 내용의 진위나 당부와는 상관없이 그 자체로 행정청 내부의 갈등으로 비춰져, 행정에 대한 국민의 신뢰를 실추시키는 요인으로 작용할 수 있고, 공무원으로서의 체면이나 위신을 손상시키는 행위에 해당한다(대판 2014두8469).

👮 징계

1. **감독할 책임이 있는 공무원에게 구체적인 감독의무를 위반한 사실이 인정되지 아니하는 이상** 그 감독자를 당연히 감독의무를 위반한 자로 볼 수는 없다(대판 78누164).

2. 경찰공무원 A가 비위행위가 있어 징계를 받게 되었는데 A의 비위행위와는 관계없이 A에 대한 **감독책임만 있는 상위 계급 경찰공무원 B에 대해서** 감독책임에 대한 징계를 하려고 할 때에, A와 B에 대한 징계사건은 「경찰공무원징계령」 제5조 제1항에 따른 **"상·하계급의 경찰공무원이 관련된 징계사건"에 해당하지 않는다**(법제처 법령해석 11-0382).

3. 버스 정류장에서 **앞지르기 금지의무를 위반한** 운전사에게 단속하지 않고 주의를 준 것에 그친 것은 성실의무에 위반하는 등 **직무를 태만히 한 것이라고 볼 수 없다**(대판 76누179).

4. 징계권자가 **징계요구를 하였다가 이를 철회하고 다시 징계요구를 하는 것은 적법하다**(대판 79누388).

5. 형사재판에서 **무죄가 선고되어도** 행정소송에서 **징계사유는 인정할 수 있다**(대판 2017두74702).

6. 형사사건에서 **대법원의 무죄 확정판결이 있었다면 징계처분은 위법하다고 할 수는 있을지언정 당연무효인 것은 아니다**(대판 89누4963). ※ 취소사유이다.

7. 국가공무원으로 임용되기 **전의 행위라 하더라도 이로 인하여 임용후의 공무원의 체면 또는 위신을 손상하게 된 경우에는 이를 징계사유로 삼은 것은 정당하다**(대판 89누7368).

8. **어떠한 처분을 할 것인지는 징계권자의 재량에 맡겨진 것이고, 재량권을 남용한 것이라고 인정되는 경우에 한하여 그 처분은 위법한 것이다**(대판 2002두6620). 〈23채용〉

9. 경찰간부들이 재신임을 묻는다는 취지에서 일괄 사직원을 제출한 경우, **의원면직처분은 그 내심에 있어 실제로 사직할 뜻은 없었다고 하더라도 의사표시는 표시한 대로 효력을 발생하는 것이므로 당연무효로 볼 수 없다**(대판 86누43).

10. 당해 징계처분사유 전후에 저지른 징계사유로 되지 아니한 비위사실도 징계양정에 있어서의 참고자료가 될 수 있다(대판 2002다51555).

11. 징계양정이 이미 **사면된 징계처분의 경력을 참작하였다고 하여 위법하다고 할 수는 없다**(대판 83누321).

12. **사면 사실만으로써 징계처분이 변경·취소될 수는 없다**(대판 95누8065).

13. 징계에 관한 **일반사면이 있는 경우** 파면처분으로 공무원의 지위를 상실한 공무원은 파면처분의 위법을 주장하여 **그 취소를 구할 수 있다**(대판 80누536).

14. 면책합의 되었거나 **징계시효가 지난 비위행위라 하더라도** 그러한 비위행위가 있었던 점을 해고처분의 정당성을 판단하는 자료로 삼을 수 있다(대판 94다52294).

15. **경찰청장의 표창을 받은 공적**은 징계양정에서 감경할 수 있는 사유의 하나로 규정되어 있다. **징계위원회의 심의과정에 반드시 제출되어야 하는 공적(공적) 사항이 제시되지 않은 상태에서 결정한 징계처분은 징계절차를 지키지 않은 것으로서 위법하다**(대판 2011두20505).

16. 징계위원회는 징계의결 요구권자의 경징계·중징계요구 의견에 기속 받지 않고 징계의결 할 수 있다. 징계의결 요구권자는 **징계위원회의 의결이 가볍다고 인정하면 그 처분을 하기 전에 직급 상급기관에 설치된 징계위원회에 심사나 재심사를 청구할 수 있다**(2022년도 징계업무편람-인사혁신처).

17. 징계위원회에서 견책으로 인정되는 징계양정을 감경하여 "불문으로 의결한다. 다만, 경고할 것을 권고한다."로 의결하였을 경우("불문경고") 불문경고도 당사자에게는 사실상 불이익이 따르는 행정처분의 하나이므로(대판 2001두3532) 이에 불복시 소청을 제기할 수 있다(2022년도 징계업무편람-인사혁신처).

18. **기관이나 단체에 수여된 단체표창**은 징계대상자에 대한 징계양정의 **임의적 감경사유에 해당하지 않는다**(대판 2012두13245).

19. 원고의 처가 영수한 통지서를 원고에게 전달하지 아니한 채 폐기해 버렸다 하더라도 원고로서는 **그의 처가 위 통지서를 수령할 때에 그 내용을 양지할 수 있는 상태에 있었다고 할 것이므로 원고에 대한 파면처분의 의사표시는 그 당시 원고에게 도달된 것으로 본다**(대판 88누940).

20. **사유설명서 교부는 민사소송법의 송달방법에 의할 것이 아니고** 이를 받아 볼 수 있는 상태에 놓여질 때에 교부한 것이 된다. **우편(등기)에 의하여 배달된 것은 정당하게 교부된 것**으로 간주된다(대판 68누148).

21. 징계위원회에 **출석하라는 통보를 하지 아니한 위법은 취소사유에 불과하다**(대판 85누386).

22. **출석통지는 서면에 의하지 아니하더라도 구두, 전화, 전언 등의 방법으로** 징계 대상자에게 전달되었으면 족하다(대판 84누251).

> 경찰공무원징계령 제12조(징계등 심의 대상자의 출석) ① 징계위원회가 징계등 심의 대상자의 **출석을 요구할 때에는 별지 제2호서식의 출석 통지서로 하되**, 징계위원회 개최일 5일 전까지 그 징계등 심의 대상자에게 도달되도록 해야 한다.

23. **'직무수행능력의 현저한 부족으로 근무성적이 극히 불량한 때'라 함은** 정신적, 육체적으로 직무를 적절하게 처리할 수 있는 능력의 현저한 부족으로 근무성적이 극히 불량한 때를 의미하고, **징계사유에 해당하는 명령위반, 직무상의 의무위반 또는 직무태만의 행위 등은 이에 해당되지 아니한다**(대판 85누663).

👥 행정의 법 원칙

1. 같은 정도의 비위를 저지른 자들 사이에 있어서도 징계의 종류의 선택과 양정에 있어서 차별적으로 취급하는 것은 평등원칙 내지 형평에 반하지 아니한다(대판 99두2611).

2. 확약 또는 공적인 의사표명이 있은 후에 사실적·법률적 상태가 변경되었다면, 행정청의 별다른 의사표시를 기다리지 않고 실효된다(대판 95누10877).

3. 신뢰보호의 원칙은 **행정청이 공적인 견해를 표명할 당시의 사정이 그대로 유지됨을 전제로 적용되는 것이 원칙이므로**, 사후에 그와 같은 사정이 변경된 경우에는 그 견해표명에 반하는 처분을 하더라도 신뢰보호의 원칙에 위반된다고 할 수 없다(대판 2018두34732).

4. **행정청의 공적 견해표명은 반드시 행정조직상의 형식적인 권한분장에 구애될 것은 아니고 실질에 의하여 판단하여야 한다**(대판 96누18380). ※ 보조기관에 불과한 담당공무원의 공적 견해표명이라도 신뢰보호의 대상이 될 수 있다.

5. **입법 예고를 통해 법령안의 내용을 국민에게 예고한 적이 있다고 하더라도 이러한 사정만으로 어떠한 신뢰를 부여하였다고 볼 수도 없다**(대판 2004다33469).

6. 답(畓)인 토지에 대하여 종교회관 건립을 이용 목적으로 하는 토지거래계약의 허가를 받으면서 **담당공무원이 관련 법규상 허용된다하여 이를 신뢰하고 건축준비를 하였으나** 그 후 다른 사유를 들어 **토지형질변경허가신청을 불허가 한 것이 신뢰보호원칙에 반한다**(대판 96누18380).

7. 폐기물처리업에 대하여 사전에 관할 **관청으로부터 적정통보를 받고 막대한 비용을 들여 허가요건을 갖춘 다음** 허가신청을 하였음에도 **다수 청소업자의 난립으로** 안정적이고 효율적인 청소업무의 수행에 지장이 있다는 이유로 한 **불허가처분은 신뢰보호의 원칙 및 비례의 원칙에 반하는 것으로서 재량권을 남용한 위법한 처분이다** (대판 98두4061). 〈22채용〉

8. 폐기물처리업 **사업계획에 대하여 적정통보를 한 것만으로 그 사업부지 토지에 대한 국토이용계획변경신청을 승인하여 주겠다는 취지의 공적인 견해표명을 한 것으로 볼 수 없다**(대판 2004두8828).

9. 과세관청이 납세자에 대하여 불과세를 시사하는 **명시적인 언동이 있어야만 하는 것은 아니고 묵시적인 언동** 다시 말하면 비과세의 사실상태가 장기간에 걸쳐 계속되는 경우에 그것이 그 사항에 대하여 과세의 대상으로 삼지 아니하는 뜻의 과세관청의 묵시적인 의향표시로 볼 수 있는 경우 등에도 **이를 인정할 수 있다**(대판 81누266).

10. **민원팀장에 불과한 공무원이 민원봉사차원에서 상담에 응하여 안내한 것을 신뢰한 경우, 신뢰보호원칙이 적용되지 아니한다**(대판 2003두1875).

11. 신뢰보호의 원칙이 적용되기 위하여는, 첫째 행정청이 개인에 대하여 신뢰의 대상이 되는 **공적인 견해표명을 하여야** 하고, 둘째 행정청의 견해표명이 정당하다고 **신뢰한 데에 대하여 그 개인에게 귀책사유가 없어야** 하며, 셋째 그 개인이 그 견해표명을 신뢰하고 **이에 상응하는 어떠한 행위를 하였어야** 하고, 넷째 행정청이 **그 견해표명에 반하는 처분을** 함으로써 그 견해표명을 신뢰한 개인의 이익이 침해되는 결과가 초래되어야 하며, 마지막으로 위 **견해표명에 따른 행정처분을 할 경우 이로 인하여 공익 또는 제3자의 정당한 이익을 현저히 해할 우려가 있는 경우가 아니어야 한다**(대판 2001두1512).

12. 고속국도관리청이 고속도로 부지와 접도구역에 송유관 매설을 허가하면서 상대방과 체결한 협약에 따라 송유관 시설을 이전하게 될 경우 그 비용을 상대방에게 부담하도록 한 경우 위 협약에 포함된 부관이 부당결부금지의 원칙에 반하지 않는다 (대판 2005다65500).

13. **국가가 국민의 생명·신체의 안전에 대한 보호의무를 다하지 않았는지 여부는 국가가 최소한의 보호조치를 취하였는가 하는 이른바 '과소보호금지 원칙'의 위반 여부를 기준으로 삼아야 한다** (헌재 2013헌마384).

14. **진정소급입법은 헌법적으로 허용되지 않는 것이 원칙이며 특단의 사정이 있는 경우에만 예외적으로 허용**될 수 있는 반면, **부진정소급입법은 원칙적으로 허용되지만 소급효를 요구하는 공익상의 사유와 신뢰보호의 요청 사이의 교량 과정에서 신뢰보호의 관점**이 입법자의 형성권에 제한을 가하게 된다(헌재 97헌바58).

15. 위법이나 비난의 정도가 미약한 사안을 포함한 모든 경우에 부정 취득하지 않은 운전면허까지 필요적으로 취소하고 이로 인해 2년 동안 해당 운전면허 역시 받을 수 없게 하는 것은, 공익의 중대성을 감안하더라도 지나치게 기본권을 제한하는 것이므로, 법익의 균형성 원칙에도 위배된다(2019헌가9). 즉, 부정 취득한 운전면허를 필요적으로 취소하도록 한 것은 과잉금지원칙에 위반되지 아니하나, 부정 취득하지 않은 운전면허까지 필요적으로 취소하도록 한 것은 과잉금지원칙에 위반된다. 〈23경간〉

16. 지방자치단체장이 사업자에게 주택사업계획승인을 하면서 그 **주택사업과는 아무런 관련이 없는 토지를 기부채납하도록 하는 부관**을 주택사업계획승인에 붙인 경우, 그 부관은 **부당 결부금지 원칙에 위반되어 위법하지만**, 토지 가액은 그 100분의 1상당의 금액에 불과한 데다가(중대하지 않음), 사업자가 그동안 그 부관에 대하여 아무런 이의를 제기하지 아니하다가 지방자치단체장이 업무착오로 기부채납한 토지에 대하여 보상협조요청서를 보내자 그때서야 비로소 부관의 하자를 들고 나온 사정(명백하지 않음)에 비추어 볼 때 **부관의 하자가 중대하고 명백하여 당연무효라고는 볼 수 없다**(대판 96다49650).
〈22·23채용〉

👤 공법관계와 사법관계

1. **국가나 지방자치단체에 근무하는 청원경찰은** 국가공무원법이나 지방공무원법상의 **공무원은 아니지만, 그 근무관계를 사법상의 고용계약관계로 보기는 어려우므로 그에 대한 징계처분의 시정을 구하는 소는 행정소송의 대상이지 민사소송의 대상이 아니다**(대판 92다47564). 〈23경간〉

2. 국유재산법상 **국유재산의 무단점유자에 대한 변상금 부과는 행정소송의 대상이 되는 행정처분이다**(대판 87누1046). 〈23채용〉

3. 공유재산의 관리청이 **행정재산의 사용·수익에 대한 허가는 강학상 특허에 해당하고**, 이러한 신청을 거부한 행위 역시 행정처분에 해당한다고 할 것이다(대판 97누1105). 〈22채용〉 사용료를 부과하는 것도 행정처분이다(대판 95누11023).

4. 원천징수의무자가 비록 과세관청과 같은 행정청이라 하더라도 그의 **원천징수 행위는** 법령에서 규정된 징수 및 납부의무를 이행하기 위한 것에 불과한 것이지, 공권력의 행사로서의 행정처분을 한 경우에 **해당되지 아니한다**(대판 89누4789). 〈23채용〉

5. **국립 교육대학 학생에 대한 퇴학처분은**, 학교의 내부질서유지를 위해 학칙 위반자인 재학생에 대한 구체적 법집행으로서 국가공권력의 하나인 징계권을 발동하여 학생으로서의 신분을 일방적으로 박탈하는 국가의 교육행정에 관한 의사를 외부에 표시한 것이므로, **행정처분임이 명백하다**(대판 91누2144). 〈23채용〉

6. 서울특별시립무용단원이 가지는 지위가 공무원과 유사한 것이라면, 단원의 위촉은 공법상의 계약이라고 할 것이고 공법상의 당사자소송으로 그 무효확인을 청구할 수 있다(대판 95누4636).

7. 경찰과의 사법상 용역계약에 의해 주차위반차량을 견인하는 민간사업자는 공무수탁사인이 아니다.

8. 구청장의 **주민등록번호 변경신청 거부행위는 항고소송의 대상이 되는 행정처분에 해당한다**(대판 2013두2945). 〈22채용〉

기속행위, 재량행위

1. 법원의 심사결과 행정청의 **재량행위가 사실오인 등에 근거한 것이라고 인정된다면 이는 재량권을 일탈·남용한 것이다**(대판 99두2970). 예를 들어 비위가 없는 공무원을 비위가 있는 것으로 오인하여 징계처분한 경우 그 처분은 위법하다.

2. 사법심사는 **기속행위의 경우 적법 여부를 독자의 입장(독자적 입장)에서 판정하지만, 재량행위의 경우** 행정청의 재량에 기한 공익판단의 여지를 감안하여 **법원은 독자의 결론을 도출함이 없이 당해 행위에 재량권의 일탈·남용이 있는지 여부만을 심사하게 된다**(대판 98두17593).

3. 자유재량에 의한 행정처분이 그 재량권의 한계를 벗어난 것이어서 **위법하다는 점은 그 행정처분의 효력을 다투는 자가 이를 주장·입증하여야 한다**(대판 87누861).

4. 「식품위생법」상 일반(대중)음식점 영업허가는 법에서 정한 요건을 구비한 때에는 허가하여야 한다(대판 97누12532).

5. 「공유수면관리법」에 따른 공유수면의 점용·사용허가는 특정인에게 공유수면이용권이라는 **독점적 권리를 설정하여 주는 처분으로서, 행정청의 재량에 속한다.** 따라서 허가의 요건이 충족된 경우라 하더라도 불허가할 수 있다(대판 2002두5016).

6. 공무원 임용을 위한 면접전형에 있어서 임용신청자의 능력이나 적격성 등에 관한 판단은 **면접위원의 자유재량에 속한다**(대판 97누11911).

7. **경찰공무원의 측정에 응하지 아니한 때에는 필요적으로 운전면허를 취소하도록 되어 있어 처분청이 그 취소 여부를 선택할 수 있는 재량의 여지가 없음이 그 법문상 명백하므로, 재량권의 일탈 또는 남용의 문제는 생길 수 없다**(대판 2003두12042).

8. 검사의 임용 여부는 임용권자의 자유재량에 속하는 사항이나, 임용권자는 임용신청자들에게 전형의 결과인 **임용 여부의 응답을 해줄 의무가 있다고 할 것이며, 응답할 것인지 여부 조차도** 임용권자의 편의재량사항이라고는 할 수 없다(대판 90누5825).

9. "경찰공무원의 채용시험 또는 경찰간부후보생공개경쟁선발시험에서 부정행위를 한 응시자에 대하여는 당해 시험을 정지 또는 무효로 하고, 그로부터 5년간 이 영에 의한 시험에 응시할 수 없게 한다."라고 규정한 경찰공무원임용령 제46조 제1항은 **행정청 내부의 사무처리기준을 규정한 재량준칙이 아니라 일반 국민이나 법원을 구속하는 법규명령에 해당한다**(대판 2007두18321).

10. 학생에 대한 징계권의 발동이나 징계의 양정에 대하여 법원이 위법사유가 있다고 판단되는 경우에는 이를 취소할 수 있다(대판 91누2144).

공정력, 존속력, 선결문제

1. 민사소송에 있어서 어느 행정처분의 당연무효 여부가 선결문제로 되는 때에는 이를 판단하여 당연무효임을 전제로 판결할 수 있고 반드시 행정소송 등의 절차에 의하여 그 취소나 무효확인을 받아야 하는 것은 아니다(대판 2009다90092).

2. 다른 사람 이름으로 발급받은 운전면허는 당연무효가 아니고 취소되지 않는 한 유효하므로 무면허운전에 해당하지 아니한다(대판 80도2646).

3. 영업의 금지를 명한 영업허가취소처분 자체가 나중에 행정쟁송절차에 의하여 취소되었다면 **그 영업허가취소처분은 그 처분시에 소급하여 효력을 잃게 되며, 그 영업허가취소처분에 복종할 의무가 원래부터 없었음이 확정되었다고 봄이 타당하므로 이후의 영업행위를 무허가영업이라고 볼 수는 없다**(대판 93도277).

부관

1. 법정부관은 부관과는 구별되는 것이어서 부관의 한계에 관한 일반원칙이 적용되지 않는다(대판 92누1728).

2. 부담이 처분 당시 법령을 기준으로 적법하다면 **처분 후 부담의 전제가 된 주된 행정처분의 근거법령이 개정됨으로써 행정청이 더 이상 부관을 붙**

일 수 없게 되었다 하더라도 곧바로 위법하게
되거나 그 효력이 소멸하게 되는 것은 아니다
(대판 2005다65500).

3. 취소(철회)권을 유보한 경우에 있어서도 무조건
적으로 취소권을 행사할 수 있는 것이 아니고,
취소를 필요로 할 만한 공익상의 필요가 있는
경우에 한하여 취소권을 행사할 수 있다(대판
64누40 등).

4. 행정행위의 부관은 **부담의 경우를 제외하고는
독립하여 행정소송의 대상이 될 수 없다**(대판
90누8503).

5. **행정처분과 부관 사이에 실제적 관련성이 있다
고 볼 수 없는 경우** 공무원이 공법상의 제한을 회
피할 목적으로 행정처분의 상대방과 사이에 사법
상 계약을 체결하는 형식을 취하였다면 이는 법치
행정의 원리에 반하는 것으로서 위법하다(대판
2007다63966).

6. 부담의 경우에는 다른 부관과는 달리 부담 그
자체로서 행정쟁송의 대상이 될 수 있다(대판
91누1264).

7. **행정재산에 대한 사용·수익허가의 기간은 그 허**
가의 효력을 제한하기 위한 행정행위의 부관으로
서 이러한 사용·수익 허가의 기간에 대해서는 **독
립하여 행정소송을 제기할 수 없다**(대판 99두509).

8. 행정처분에 붙인 부담인 부관이 무효가 되더라도
그 부담의 이행으로 한 사법상 법률행위가 당연
히 무효가 되는 것은 아니다(대판 2006다18174).

9. 허가에 붙은 **기한**이 그 허가된 사업의 성질상
부당하게 짧은 경우에는 이를 그 허가 자체의
존속기간이 아니라 그 허가조건의 존속기간으
로 보아 그 기한이 도래함으로써 그 조건의 개
정을 고려한다는 뜻으로 해석할 수는 있지만, **그
와 같은 경우라 하더라도 허가기간이 만료하였
다면 그 허가의 효력은 상실된다고 보아야 한다**
(대판 2005두2404).

10. 부담을 부가하기 이전에 상대방과 협의하여 부
담의 내용을 협약의 형식으로 미리 정한 다음
행정처분을 하면서 이를 부가할 수도 있다. 행정
청이 수익적 행정처분을 하면서 부가한 **부담의**

위법 여부는 처분 당시 법령을 기준으로 판단하
여야 하고, 부담이 처분 당시 법령을 기준으로
적법하다면 처분 후 부담의 전제가 된 주된 행
정처분의 근거 **법령이 개정됨으로써 행정청이
더 이상 부관을 붙일 수 없게 되었다 하더라도**
곧바로 **위법**하게 되거나 그 효력이 **소멸**하게 되
는 것은 **아니다**(대판 2005다65500). <접도구역
송유관 매설 사건>

11. 부제소특약에 관한 부분은 사인의 국가에 대한
공권인 소권을 당사자의 합의로 포기하는 것으
로서 허용될 수 없다(대판 98두8919).

12. 허가 갱신이 있은 후에도 갱신 전의 법위반사실
을 근거로 허가를 취소할 수 있다(대판 81누174).

♟ 행정행위의 하자

1. **행정처분이 발하여진 후에** 헌법재판소가 그 행
정처분의 **근거가 된 법률을 위헌으로 결정**하였
다면, 일반적으로 **법률이 헌법에 위반된다는 사
정이 명백한 것이라고 할 수는 없으므로** 그 행정
처분의 취소소송의 전제가 될 수 있을 뿐 **당연무
효 사유는 아니다**(대판 2011두24057).

2. **이미 취소소송의 제기기간을 경과하여 확정력
이 발생한 행정처분에는 위헌결정의 소급효가
미치지 않는다**(대판 2011두24057).

3. 위헌결정 이후에 조세채권의 집행을 위한 **새로
운 체납처분에 착수하거나 이를 속행하는 것은
더 이상 허용되지 않는다**(대판 2010두10907).

4. 그 법률관계나 사실관계에 대하여 **해석에 다툼
의 여지가 있는 때에는 그 하자가 명백하다고
할 수 없다**(대판 2018다287287).

5. 청문을 실시하도록 규정하고 있다면, 그러한 절
차를 결여한 처분은 위법한 처분으로서 취소사유
에 해당한다(대판 2005두15700).

6. **임용 당시 경찰관임용 결격사유가 있었다면 비
록 임용권자의 과실에 의하여 임용결격자임을
밝혀내지 못하였다 하더라도 그 임용행위는 당
연무효**로 보아야 한다(대판 2003두469).

7. 음주운전단속 경찰관이 자신의 명의로 운전면허 행정처분통지서를 작성·교부하여 행한 운전면허정지처분은 **권한 없는 자에 의하여 행하여진 점에서 무효의 처분에 해당한다**(대판 97누2313).

8. 행정청이 청문서 도달기간을 다소 어겼다하더라도 영업자가 이에 대하여 이의하지 아니한 채 스스로 청문일에 출석하여 그 의견을 진술하고 변명하는 등 방어의 기회를 충분히 가졌다면 청문서 도달기간을 준수하지 아니한 하자는 치유되었다고 봄이 상당하다(대판 92누2844).

9. 무효의 행위는 치유가 인정되지 아니한다. 징계처분이 중대하고 명백한 흠 때문에 당연무효의 것이라면 징계처분을 받은 자가 이를 용인하였다 하여 그 흠이 치료되는 것은 아니다(대판 88누8869).

10. **하자 있는 행정행위의 치유는 행정행위의 성질이나 법치주의의 관점에서 볼 때 원칙적으로 허용될 수 없는 것**이고 예외적으로 행정행위의 **무용한 반복을 피하고 당사자의 법적 안정성을 위해** 이를 허용하는 때에도 **국민의 권리나 이익을 침해하지 않는 범위에서** 구체적 사정에 따라 합목적적으로 인정하여야 할 것이다(대판 91누13274).

11. 이해관계인은 처분청에 대하여 그 직권 취소를 요구할 신청권이 부여된 것으로 볼 수 없다(대판 2004두701).

12. **과세관청은 부과의 취소를 다시 취소함으로써 원부과처분을 소생시킬 수는 없고** 납세의무자에게 종전의 과세대상에 대한 납부의무를 지우려면 **다시 법률에서 정한 부과절차에 좇아 동일한 내용의 새로운 처분을 하는 수밖에 없다**(대판 94누7027).

13. 위반행위가 있은 이후에 장기간에 걸쳐 아무런 행정조치를 취하지 않은 채 방치하고 있다가 3년여가 지나서 운전면허를 취소하는 행정처분을 하였다면 이는 신뢰의 이익과 그 법적안정성을 빼앗는 것이다(대판 87누373).

공법상 계약

1. **공중보건의사 채용계약 해지의 의사표시에 대하여는 대등한 당사자 간의 소송형식인 공법상의 당사자소송으로** 그 의사표시의 무효확인을 청구할 수 있는 것이지, **항고소송을 제기할 수는 없다**(대판 95누10617).

2. **계약직공무원 채용계약해지의 의사표시는** 일반공무원에 대한 징계처분과는 달라서 항고소송이 아닌 채용계약 관계의 **한쪽 당사자로서 대등한 지위에서 행하는 의사표시로 취급되는 것이다**(대판 2002두5948).

3. **서울특별시립무용단원이 가지는 지위가 공무원과 유사한 것**이라면, 서울특별시립무용단 단원의 **위촉은 공법상의 계약이라고 할 것이고**, 따라서 그 단원의 해촉에 대하여는 공법상의 당사자소송으로 그 무효확인을 청구할 수 있다(대판 95누4636).

행정조사기본법

1. 「도로교통법」에 따라 음주운전 여부를 조사하는 것은, **수사로서의 성격과** 운전면허 정지·취소의 행정처분을 위한 **행정조사로서의 성격을 동시에 가지고 있다**(대판 2014두46850). 〈24승진〉

2. 「풍속영업의 규제에 관한 법률」 제9조의 **출입과 검사(풍속영업자 준수사항 준수여부 검사)는** 경찰관이 수사기관으로서 출입하는 경우에 적용되는 것이 아니라 **행정처분 등에 필요한 자료를 수집하는 행정조사를 위하여 출입하는 경우에 적용되는 규정에 해당한다**(제주지법 2018.5.3. 2017노112). ― 나이트클럽의 나체쇼 단속을 위한 촬영은 사전 또는 사후에 영장을 받아야 한다.

3. **행정조사 절차에는 진술거부권 고지의무에 관한 형사소송법이 준용되지 않는다**(대판 2020두31323). 〈24승진〉

4. 우편물 통관검사절차에서 이루어지는 우편물의 개봉, 시료채취, 성분분석 등의 검사는 행정조사의 성격을 가지는 것으로서 압수수색영장 없이 진행되었다 하더라도 위법하다고 볼 수 없다(대판 2013도7718).

5. 마약류불법거래 방지에 관한 특례법 제4조 제1항(화물에 마약류가 감추어져 있다고 밝혀지거나 그러한 의심이 드는 경우)에 따른 조치의 일환으로 특정한 수출입물품을 개봉하여 검사하고 그 내용물의 점유를 취득한 행위는 **압수 또는 수색에 해당하여 사전 또는 사후에 영장을 받아야 한다**(대판 2014도8719).

6. 음주운전 여부에 대한 조사 과정에서 **운전자 본인의 동의를 받지 아니하고 또한 법원의 영장도 없이 채혈조사를 한 결과를 근거로 한 운전면허 정지 · 취소 처분은 위법한 처분이다**(대판 2014두46850).

명령적 행정행위

1. 「총포 · 도검 · 화약류 등 단속법」상 화약류 판매업 및 저장소 설치허가는 허가신청이 법에서 정한 요건을 구비한 때에는 허가하여야 한다(대판 96누3036).

2. 유료직업소개사업의 **허가갱신은 일단 갱신이 있은 후에도 갱신 전의 법위반사실을 근거로 허가를 취소할 수 있다**(대판 81누174).

3. 종전 허가의 유효기간이 지나서 신청한 이 사건 기간연장신청은 이를 새로운 허가신청으로 보아 법의 관계 규정에 의하여 허가요건의 적합 여부를 새로이 판단하여 그 허가 여부를 결정하여야 할 것이다(대판 94누11866).

4. 「학원설립 · 운영에관한법률」 제5조 제2항에 의한 학원의 설립인가는 강학상의 이른바 허가에 해당하는 것이다(대판 91다39986).

5. 건축허가권자는 **중대한 공익상 필요가 없는데도 관계 법령에서 정하는 제한 사유 이외의 사유를 들어 요건을 갖춘 자에 대한 허가를 거부할 수는 없다**(대판 2009두8946).

강학상 특허

1. 행정재산의 사용 · 수익에 대한 허가는 강학상 특허에 해당한다(대판 2012두6612).

2. 공유수면매립면허는 설권행위인 특허의 성질을 갖는 것이므로 원칙적으로 행정청의 자유재량에 속하는 것이다(대판 88누9206).

3. 주택재건축정비사업조합설립 **인가처분은 단순히 사인들의 조합설립행위에 대한 보충행위로서의 성질을 갖는 것에 그치는 것이 아니라 설권적 처분의 성격을 갖는다**(대판 2009다10638).

4. **귀화허가는 외국인에게 대한민국 국적을 부여함으로써 국민으로서의 법적 지위를 포괄적으로 설정하는 행위에 해당한다.** 법무부장관은 귀화신청인이 **법률이 정하는 귀화요건을 갖추었다고 하더라도 귀화를 허가할 것인지 여부에 관하여 재량권을 가진다**(대판 2009두19069).

5. 「출입국관리법」상 체류자격변경허가는 신청인이 관계 법령에서 정한 요건을 충족하였더라도, 신청인의 적격성, 체류목적, 공익상의 영향 등을 참작하여 허가 여부를 결정할 수 있는 재량을 가진다(대판 2015두48846).

6. **개인택시운송사업면허는 수익적 행정행위로서 법령에 특별한 규정이 없는 한 재량행위이다**(대판 2006두15783). 따라서 개인택시운송사업면허는 재량행위이므로 관련법령에 **법적 근거가 없더라도 개인택시운송사업면허를 하면서 부관을 붙일 수 있다.**

강학상 인가

1. 관할청의 **임원취임승인행위는 사립학교법인의 임원선임행위의 법률상 효력을 완성하게 하는 보충적 법률행위라 할 것이다**(대판 2005두9651).

2. 사립학교법 제20조 제2항에 의한 **학교법인의 임원에 대한 감독청의 취임승인은 학교법인의 임원선임행위를 보충하여 그 법률상의 효력을 완성케 하는 보충적 행정행위이다**(대판 86누152).

3. 민법 제45조와 제46조에서 규정한 **재단법인의 정관변경 '허가'는** 법률상의 표현이 허가로 되어 있기는 하나, 그 성질에 있어 법률행위의 효력을 보충해 주는 것이지 일반적 금지를 해제하는 것이 아니므로, 그 법적 성격은 인가라고 보아야 할 것이다(대판 95누4810).

4. 토지거래허가제에서의 토지거래허가는 규제지역 내에서도 **토지거래의 자유가 인정되나 다만 위 허가를** 허가 전의 유동적 무효 상태에 있는 법률행위의 효력을 완성시켜 주는 인가적 성질을 띤 것이라고 보는 것이 타당하다(대판 90다12243).

👤 준법률행위적 행정행위

1. 당연퇴직의 인사발령은 관념의 통지에 불과하고 행정소송의 대상이 되는 독립한 행정처분이라고 할 수 없다(대판 95누2036).

2. 임용권자가 임용기간이 만료된 국·공립대학의 조교수에 대하여 **재임용을 거부하는 취지로 한 임용기간만료의 통지는** 행정소송의 대상이 되는 처분에 해당한다(대판 2000두7735).

3. 건설업면허증 및 건설업면허수첩의 재교부는 행정행위(**강학상의 공증**)이므로, 면허증 및 면허수첩의 재교부에 의하여 재교부 전의 면허는 실효되고 새로운 면허가 부여된 것이라고 볼 수 없다(대판 93누21231).

👤 경찰상 강제집행

1. "장례식장의 사용을 중지할 것을 명하며 만일 **중지하지 아니하면 대집행하겠다"는** 취지의 **사용중지의무는 부작위의무로서 대집행의 대상이 될 수 없는 것이다**(대판 2005두7464).

2. 도시공원시설인 매점으로부터 **퇴거시키는 것은** 직접적인 실력행사(직접강제)가 필요한 것이지 대체적 작위의무에 해당하는 것은 아니어서 행정대집행법에 의한 **대집행의 대상이 되는 것은 아니다**(대판 97누157).

3. 건물철거 대집행 과정에서 부수적으로 건물의 점유자들에 대한 퇴거조치를 할 수 있고, 점유자들이 적법한 행정대집행을 위력을 행사하여 방해하는 경우 형법상 **공무집행방해죄가 성립하므로,** 필요한 경우에는 '경찰관 직무집행법'에 근거한 위험발생 방지조치 또는 형법상 공무집행방해죄의 범행방지 내지 현행범 체포의 차원에서 경찰의 도움을 받을 수도 있다(대판 2016다213916).

4. **계고서라는 명칭의 1장의 문서로서** 일정기간 내에 위법건축물의 **자진철거를 명함과 동시에** 그 소정기한 내에 자진철거를 하지 아니할 때에는 **대집행할 뜻을 미리 계고한 경우라도** 건축법에 의한 철거명령과 행정대집행법에 의한 **계고처분은 독립하여 있는 것으로서 각 그 요건이 충족되었다**(대판 91누13564).

5. 행정대집행법이 대집행비용의 징수에 관하여 **민사소송절차에 의한 소송이 아닌 간이하고 경제적인 특별구제절차를 마련해 놓고 있으므로,** 민사소송절차에 의하여 그 비용의 상환을 청구하는 것은 소의 이익이 없어 부적법하다(대판 2010다48240).

6. 적법한 건축물에 대한 **철거명령은** 그 하자가 중대하고 명백하여 당연무효라고 할 것이고, 그 후 행행위인 건축물철거 대집행계고처분 역시 당연무효라고 할 것이다(대판 97누6780).

7. 건축법상의 **이행강제금은** 시정명령의 불이행이라는 과거의 위반행위에 대한 제재가 아니라, 의무자에게 심리적 압박을 주어 의무의 이행을 간접적으로 강제하는 행정상의 간접강제 수단에 해당한다(대판 2015두35116).

8. **이행강제금은 대체적 작위의무의 위반에 대하여도 부과될 수 있다.** 현행 건축법상 위법건축물에 대한 이행강제수단으로 대집행과 이행강제금(제83조 제1항)이 인정되고 있는데, 대집행과 이행강제금을 선택적으로 활용할 수 있으며, 이처럼 그 합리적인 재량에 의해 선택하여 활용하는 이상 중첩적인 제재에 해당한다고 볼 수 없다(헌재 2001헌바80).

👮 경찰상 즉시강제

1. **불법게임물은 불법현장에서 이를 즉시 수거하지 않으면 증거인멸의 가능성이 있으므로** 이 사건 법률조항이 **불법게임물의 수거·폐기에 관한 행정상 즉시강제를 허용함으로써** 법익의 균형성의 원칙에 위배되는 것도 아니다(헌재 2000헌가12).

2. 경찰관직무집행법 제4조 제1항, 제4항의 규정에 의하면 **경찰서 보호실에의 유치는 정신착란자, 주취자, 자살기도자 등 응급의 구호를 요하는 자를 24시간을 초과하지 아니하는 범위 내에서 경찰관서에서 보호조치하기 위한 경우에만 제한적으로 허용될 뿐**이라고 할 것이어서 비록 구 윤락행위등방지법 소정의 요보호 여자에 해당한다 하더라도 그들을 경찰서 보호실에 유치하는 것은 영장주의에 위배되는 위법한 구금이라고 할 것이다(대판 96다28578).

3. **경찰관의 면허증 제시 요구에 순순히 응하지 않은 것은** 잘못이라고 하겠으나, 피고인을 그 의사에 반하여 **교통초소로 연행해 갈 권한은 경찰관에게 없는 것이므로**, 이러한 강제연행에 항거하는 와중에서 경찰관의 멱살을 잡는 등 폭행을 가하였다고 하여도 **폭행죄 등의 죄책을 묻는 것은 별론으로 하고 공무집행방해죄가 성립되지 않는다**(대판 91도2797).

4. **행정상의 즉시강제 또는 행정대집행과 같은 사실행위는 그 실행이 완료된 이후에 있어서는** 그 행위의 위법을 이유로 하는 손해배상 또는 원상회복의 청구를 하는 것은 몰라도, 그 처분의 취소를 구함은, 권리보호의 이익이 없다(대판 65누25).

👮 영장주의에 대한 판례의 태도

대법원은 **절충설**(즉시강제에도 원칙적으로 영장주의가 적용되지만 예외적으로 적용되지 않는다)의 입장이고, 헌법재판소는 **영장불요설**의 입장이다.

1. **사전영장주의는** 행정상 즉시강제를 포함한 인신의 자유를 제한하는 모든 국가작용의 영역에서 **존중되어야 하나** 사전영장주의를 고수하다가는 도저히 그 목적을 달성할 수 없는 **지극히 예외적인 경우에만** 형사절차에서와 같은 예외가 인정된다고 할 것이다(대판 96다56115).

2. **행정상 즉시강제는** 상대방의 임의이행을 기다릴 시간적 여유가 없을 때 하명 없이 바로 실력을 행사하는 것으로서, 그 본질상 급박성을 요건으로 하고 있어 **법관의 영장을 기다려서는 그 목적을 달성할 수 없다고 할 것이므로 원칙적으로 영장주의가 적용되지 않는다**(헌재 2000헌가12).

👮 통고처분

1. 통고처분은 형사절차의 사전절차로서의 성격을 가진다(대판 2014도10748).

2. 도로교통법 제118조에서 규정하는 경찰서장의 **통고처분은 행정소송의 대상이 되는 행정처분이 아니므로 그 처분의 취소를 구하는 소송은 부적법하다**(대판 95누4674).

3. **통고처분은 상대방의 임의의 승복을 그 발효요건으로** 하기 때문에 **그 자체만으로는 통고이행을 강제하거나 상대방에게 아무런 권리의무를 형성하지 않으므로** 행정심판이나 행정소송의 대상으로서의 **처분성을 부여할 수 없다**(헌재 96헌바4).

4. **통고처분을 할 것인지의 여부는 관세청장 또는 세관장의 재량에 맡겨져 있고, 통고처분을 하지 아니한 채 고발하였다는 것만으로는** 그 고발 및 이에 기한 공소의 제기가 **부적법하게 되는 것은 아니다**(대판 2006도1993).

5. 피고인이 경범죄 처벌법상 '음주소란' 범칙행위로 **범칙금 통고처분을 받아 이를 납부하였는데**, 이와 근접한 일시·장소에서 위험한 물건인 과도를 들고 피해자를 쫓아가며 "죽여 버린다."고 소리쳐 협박하였다는 내용의 「폭력행위 등 처벌에 관한 법률」 위반으로 기소된 사안에서, **범칙행위인 '음주소란'과 공소사실인 '흉기휴대 협박행위'는 기본적 사실관계가 동일하다고 볼 수 없다. 일사부재리의 효력이 미치지 아니한다**(대판 2012도6612).

6. 경찰서장이 범칙행위에 대하여 통고처분을 하였는데 통고처분에서 정한 **범칙금 납부기간이 경과하지 아니한 경우 원칙적으로 즉결심판을 청구할 수 없다**(대판 2017도13409).〈23채용〉

7. 「즉결심판에 관한 절차법」상 특별한 규정이 없는 한 그 성질에 반하지 않는 것은 형사소송법의 규정을 준용한다(제19조).「형사소송법」에 공무원 아닌 자가 작성하는 서류에는 연월일을 기재하고 기명날인 또는 서명하여야 한다. 인장이 없으면 지장으로 한다(제59조)고 규정하고 있으므로, 정식재판청구서에 피고인의 자필로 보이는 이름이 기재되어 있고 그 옆에 서명이 되어 있는 정식재판청구는 적법하다(대판 2017모3458).〈23채용〉

불심검문

1. 경찰관이 신분증을 제시하지 않고 불심검문을 하였으나, 검문하는 사람이 경찰관이고 검문하는 이유가 범죄행위에 관한 것임을 피고인이 알고 있었던 경우, 그 불심검문이 위법한 공무집행이라고 할 수 없다(대판 2014도7976).〈23경간〉

2. 경찰관이 불심검문 대상자 해당 여부를 판단할 때에는 불심검문 당시의 구체적 상황은 물론 사전에 얻은 정보나 전문적 지식 등에 기초하여 불심검문 대상자인지를 객관적 · 합리적인 기준에 따라 판단하여야 하나, 반드시 불심검문 대상자에게 형사소송법상 체포나 구속에 이를 정도의 혐의가 있을 것을 요한다고 할 수는 없다(대판 2011도13999).〈23경간〉

보호조치

1. 경찰관직무집행법 제4조 제1항 제1호의 '술에 취한 상태'라 함은 피구호자가 술에 만취하여 정상적인 판단능력이나 의사능력을 상실할 정도에 이른 것을 말하고, 이 사건 조항에 따른 보호조치를 필요로 하는 피구호자에 해당하는지는 구체적인 상황을 고려하여 **경찰관 평균인을 기준으로 판단하되**, 그 판단은 보호조치의 취지와 목적에 비추어 현저하게 불합리하여서는 아니 되며, **피구호자의 가족 등에게 피구호자를 인계할 수 있다면 특별한 사정이 없는 한 경찰관서에서 피구호자를 보호하는 것은 허용되지 않는다**(대판 2012도11162).

2. 당시 피고인이 술에 취한 상태이기는 하였으나 차량을 운전할 정도의 의사능력과 음주단속에 따른 처벌을 회피하기 위하여 도주하려 할 정도의 판단능력은 가지고 있었다고 볼 것이어서, 술에 만취하여 정상적인 판단능력이나 의사능력을 상실할 정도에 이른 것을 뜻하는 이 사건 조항의 술에 취한 상태에 있었다고 보기는 어렵다(대판 2012도11162).〈23경간〉

3. **경찰관이 응급의 구호를 요하는 자를 보건의료기관에게 긴급구호요청을 하고, 보건의료기관이 이에 따라 치료행위를 하였다고 하더라도 국가와 보건의료기관 사이에 국가가 그 치료행위를 보건의료기관에 위탁하고 보건의료기관이 이를 승낙하는 내용의 치료위임계약이 체결된 것으로는 볼 수 없다**(대판 93다4472).

4. 정신질환자가 살인을 하기에 앞서 **경찰관이 그 때 그 때 상황에 따라 그 정신질환자를 훈방하거나 일시 정신병원에 입원시키는 등 긴급구호조치를 취한 이상**, 긴급구호권 불행사를 이유로 제기한 **국가배상청구는 인정되지 않는다**(대판 95다45927).

5. 보호조치 요건이 갖추어지지 않았음에도 경찰관이 실제로는 **범죄수사를 목적으로 피의자에 해당하는 사람을 이 사건 조항의 피구호자(구호대상자)로 삼아 그의 의사에 반하여 경찰관서에 데려간 행위는, 위법한 체포에 해당한다**(대판 2012도11162).

6. 윤락행위등방지법 소정의 요보호 여자에 해당한다 하더라도 그들을 **경찰서 보호실에 유치하는 것은 영장주의에 위배되는 위법한 구금이라고 할 것이다**(대판 96다28578).

7. **보호조치된 운전자에 대하여 음주측정을 요구하였다는 이유만으로 그 보호조치가 당연히 종료된 것으로 볼 수는 없다.** 경찰관이 음주측정을 요구할 시점에 보호조치가 종결된 것으로 보아야 한다(보호조치는 종결되고 수사절차가 개시되었으므로 언제든지 자유롭게 퇴거할 수 있다는 고지 후 임의수사 또는 형사소송법에 의한 강제수사 절차를 따라야 한다)는 전제 아래 음주측정 요구가 위법한 체포상태에서 이루어진 것으로 보아 음주측정불응죄가 성립하지 아니한다고 본 원심판결에 위법이 있다(대판 2011도4328). 〈20법학, 23경간〉

범죄의 예방과 제지

1. 인근소란행위로 출동한 경찰관이 피고인의 집으로 통하는 **전기를 일시적으로 차단한 것은 피고인을 집 밖으로 나오도록 유도한 것으로서, 즉시강제의 요건을 충족한 적법한 직무집행이다**(대판 2016도19417).

2. **경고나 제지는** 범죄 예방을 위하여 범죄행위의 실행의 착수 전에 행하여질 수 있을 뿐만 아니라, 이후 **범죄행위가 계속되는 중에 그 진압을 위하여도 당연히 행하여질 수 있다**(대판 2013도643).

3. 부식반입 문제를 협의하거나 기자회견장 촬영을 위하여 공장 밖으로 나오자 방패를 든 전투경찰대원들이 조합원들을 둘러싸고 이동하지 못하게 가둔 행위(고착관리)는, **긴급한 사정이 있는 경우가 아니므로** 경찰관직무집행법 제6조 제1항에 근거한 **제지 조치라고 볼 수 없고, 이는 형사소송법상 체포에 해당한다.** 전투경찰대원들이 위 조합원들을 체포하는 과정에서 체포의 이유 등을 제대로 고지하지 않다가 30~40분이 지난 후 피고인 등의 항의를 받고 나서야 비로소 체포의 이유 등을 고지한 것은 형사소송법상 현행범인 체포의 적법한 절차를 준수한 것이 아니므로 적법한 공무집행이라고 볼 수 없다. 피고인이 위와 같은 위법한 공무집행에 항의하면서

공소사실과 같이 전투경찰대원들의 방패를 손으로 잡아당기거나 전투경찰대원들을 발로 차고 몸으로 밀었다고 하더라도 **공무집행방해죄가 성립할 수 없고,** 그 정도가 전투경찰대원들의 피고인에 대한 유형력의 정도에 비해 크다고 보이지 않으므로 **정당방위에 해당한다**(대판 2013도2168).

4. **경찰 병력이 행정대집행 직후 대책위가 또 다시 같은 장소를 점거하고 물건을 다시 비치하는 것을 막기 위해 농성 장소를 미리 둘러싼 뒤** 소극적으로 제지한 것은 「경찰관 직무집행법」 **제6조 제1항의 범죄행위 예방을 위한 경찰 행정상 즉시강제로서 적법한 공무집행에 해당한다**(대판 2018도2993). 〈23채용〉

5. **9개의 서명지 박스를 1개씩 들고 효자로를 따라 청와대 민원실까지 한 줄로 걸어가는 것은 집시법상의 '시위'에 해당하고,** 이에 대해서는 사전신고가 이루어지지 않았으나, 공공의 안녕질서에 직접적 위험이 명백히 초래한 것도 아니다. 따라서 집시법에 따른 **해산명령 및 제6조에 따른 경고 및 제지조치는 위법하다.**

경찰 장비 사용

1. **진주시 씨름대회에서 우승할** 만큼 건장한 체구의 소유자가 경찰관 A의 배 위에 올라탄 자세에서 그를 공격하였고 이에 경찰관 B가 실탄 1발을 발사하여 사망케한 사건에서, 경찰관 B에게 업무상과실치사의 죄책을 지울만한 행위라고 선뜻 단정할 수는 없다(다만 민사상으로 공무원인 경찰관 B의 위와 같은 행위에 관하여 국가가 국가배상책임을 질 것인지 여부는 이와 별도의 관점에서 검토되어야 할 것이며, 이 점은 별론으로 한다). (무죄 판결) (대판 2003도3842)

2. <위 사건 관련 민사재판> 형사사건에서 무죄판결이 확정되었더라도 당해 경찰관의 과실의 내용과 그로 인하여 발생한 결과의 중대함에 비추어 민사상 불법행위책임을 인정한다(대판 2006다6713).

3. 50cc 소형 **오토바이 1대를 절취하여 운전 중** 15~16세의 절도 혐의자 3인이 경찰관의 검문에 불응하며 도주하자, **오토바이의 바퀴를 조준하여 실탄을 발사하였으나 오토바이에 타고 있던 1인이 총상을 입게 된 경우, 위법하다**(대판 2003다57956).

4. 경찰관이 **신호위반을 이유로 한 정지명령에 불응**하고 도주하던 차량에 탑승한 동승자를 추격하던 중 **실탄을 발사하여 사망케 한 경우**, 위법행위이다(대판 98다61470).

5. 경찰관이 길이 **40cm가량의 칼로 반복적으로 위협하며 도주하는 차량 절도 혐의자**를 추적하던 중, **약 2m 거리에서 실탄을 발사**하여 혐의자를 복부관통상으로 사망케 한 경우, 허용범위를 벗어난 위법행위이다(대판 98다63445).

6. **야간에 술이 취한 상태에서 병원에 있던 과도로 대형 유리 창문을 쳐 깨뜨리고 자신의 복부에 칼을 대고 할복 자살하겠다고 난동을 부린 피해자가 출동한 2명의 경찰관들에게 칼을 들고 항거하였다고 하여도** 칼빈소총을 1회 발사하여 사망케 한 경찰관의 총기사용행위는 경찰관 직무집행법 소정의 총기사용 한계를 벗어난 것이다(대판 91다19913).

7. 타인의 집 대문 앞에 은신하고 있다가 경찰관의 명령에 따라 순순히 손을 들고 나오면서 그대로 **도주하는 범인을 경찰관이 뒤따라 추격하면서 등부위에 권총을 발사하여 사망케 한 경우**, 국가의 손해배상책임이 인정된다(대판 91다10084).

8. 당시 사용한 **가스총의 탄환은 고무마개로 막혀 있어 사람의 안면 가까이에서 발사하는 경우 고무마개가 분리되면서 눈 부위 등 인체에 위해를 가할 가능성이 있었으므로**, 국가배상책임을 인정한다(대판 2002다57218).

9. **직사살수는** 타인의 법익이나 공공의 안녕질서에 **직접적이고 명백한 위험이 현존**하는 경우에 한해서만 사용이 가능하다고 보아야 한다(대판 2015다236196).

10. 경찰이 점거 파업을 진압하기 위하여 헬기에서 다량의 최루액을 살포하거나 공장 옥상으로부터 30~100m 고도로 제자리 비행을 하여 조합원들을 헬기 하강풍에 노출되게 하였고, 그 과정에서 헬기가 새총으로 발사된 볼트 등의 이물질에 맞아 손상된 사안에서, 헬기의 의도적 저공비행과 헬기에서 최루제를 살포한 것은 **경찰장비를 통상의 용법과 달리 사용한 위법한 직무집행**이므로 이에 대한 대항은 정당방위에 해당하여 손해배상책임이 인정되지 않는다(대판 2016다26662). 〈23경간〉

👮 행정절차법

1. 행정청이 청문서 도달기간을 다소 어겼다 하더라도 영업자가 이에 대하여 이의하지 아니한 채 스스로 청문일에 출석하여 그 의견을 진술하고 변명하는 등 방어의 기회를 충분히 가졌다면 **청문서 도달기간을 준수하지 아니한 하자는 치유되었다**(대판 92누2844). ⇒ 청문을 취소할 수 없다.

2. 국가공무원법상 **직위해제를 할 때에는 처분사유 설명서를 교부하도록 하고, 30일 이내에 소청심사청구를 할 수 있도록 하고 있으므로** 해당 **처분의 사전통지 및 의견청취 등에 관한 행정절차법의 규정이 별도로 적용되지 아니한다**(대판 2012두26180).

3. 처분 당시 당사자가 어떠한 근거와 이유로 처분이 이루어진 것인지를 충분히 알 수 있어서 그에 불복하여 행정구제절차로 나아가는 데에 별다른 지장이 없었던 것으로 인정되는 경우에는 **처분서에 처분의 근거와 이유가 구체적으로 명시되어 있지 않았다고 하더라도** 그로 말미암아 그 처분이 위법한 것으로 된다고 할 수는 없다(대판 2011두18571).

4. 퇴직연금의 환수결정은 당사자에게 의무를 과하는 처분이기는 하나, 관련 법령에 따라 당연히 환수금액이 정하여지는 것이므로, **퇴직연금의 환수결정에 앞서 당사자에게 의견진술의 기회를 주지 아니하여도 행정절차법 제22조 제3항이나 신의칙에 어긋나지 아니한다**(대판 99두5443).

> 제22조(의견청취) ③ 행정청이 당사자에게 **의무를 부과하거나 권익을 제한하는 처분을 할 때** 제1항(청문) 또는 제2항(공청회)의 경우 외에는 당사자등에게 의견제출의 기회를 주어야 한다.

5. 보통우편의 방법으로 발송되었다는 사실만으로는 그 우편물이 상당한 기간 내에 도달하였다고 추정할 수 없다(대판 2007두20140).

6. 등기취급의 방법으로 발송된 경우에는 반송되는 등의 특별한 사정이 없는 한 그 무렵 수취인에게 배달되었다고 보아야 한다(대판 2007다51758).

7. 상대방 있는 행정처분이 상대방에게 **고지되지 아니한 경우에는 상대방이 다른 경로를 통해 행정처분의 내용을 알게 되었다고 하더라도 행정처분의 효력이 발생한다고 볼 수 없다**(대판 2019두38656).

8. 특별한 사정이 없는 한 신청에 대한 거부처분이라고 하더라도 직접 당사자의 권익을 제한하는 것은 아니어서 **신청에 대한 거부처분을 여기에서 말하는 '당사자의 권익을 제한하는 처분'에 해당한다고 할 수 없는 것이어서 처분의 사전통지대상이 된다고 할 수 없다**(대판 2003두674).

9. 신청인이 신청에 앞서 담당자에게 **검토를 요청한 것만으로는** 다른 특별한 사정이 없는 한 명시적이고 **확정적인 신청의 의사표시가 있었다고 하기 어렵다고 할 것이다**(대판 2003두13243).

10. 행정처분의 상대방에 대한 **청문통지서가 반송되었다거나**, 행정처분의 **상대방이 청문일시에 불출석하였다는 이유로 청문을 실시하지 아니하고 한 침해적 행정처분은 위법하다**(대판 2000두3337).

👮 행정심판

1. 비록 제목이 '진정서'로 되어 있더라도 위 문서를 **행정처분에 대한 행정심판 청구로 보는 것이 옳다**(대판 98두2621).

2. **표제를 '행정심판청구서'로 한 서류를 제출한 경우라 할지라도 이를 처분에 대한 이의신청으로 볼 수 있다**(대판 2011두26886).

3. 행정심판에 있어서 행정처분의 위법·부당 여부는 **원칙적으로 처분시를 기준으로 판단하여야 할 것이나**, 재결청은 처분 당시 존재하였거나 행정청에 제출되었던 자료뿐만 아니라, **재결 당시까지 제출된 모든 자료를 종합하여 위법·부당 여부를 판단할 수 있다**(대판 99두5092).

4. 행정심판의 재결은 피청구인인 행정청을 기속하는 효력을 가지므로 재결청이 취소심판의 청구가 이유 있다고 인정하여 처분청에 처분을 취소할 것을 명하면 처분청으로서는 재결의 취지에 따라 처분을 취소하여야 하지만, 나아가 **재결에 판결에서와 같은 기판력이 인정되는 것은 아니어서** 재결이 확정된 경우에도 처분의 기초가 된 **사실관계나 법률적 판단이 확정되고 당사자들이나 법원이 이에 기속되어 모순되는 주장이나 판단을 할 수 없게 되는 것은 아니다**(대판 2013다6759). ⇒ 기판력(×), 기속력(○)

5. 행정심판 재결의 내용이 처분청에게 **처분의 취소를 명하는 것이 아니라 재결청이 스스로 처분을 취소하는 것일 때에는** 그 재결의 형성력에 의하여 당해 처분은 **별도의 행정처분을 기다릴 것 없이 당연히 취소되어 소멸되는 것이다**(대판 97누17131).

행정소송

1. 지방경찰청장이 횡단보도를 설치하여 보행자의 통행방법 등을 규제하는 것은, 행정청이 특정사항에 대하여 의무의 부담을 명하는 행위이고 이는 국민의 권리·의무에 직접 관계가 있는 행위로서 행정처분이라고 보아야 할 것이다(대판 98두8964).〈23채용〉

2. 지시나 통보, 권한의 위임이나 위탁은 행정기관 내부의 문제일 뿐 국민의 권리의무에 직접 영향을 미치는 것이 아니어서 항고소송의 대상이 되는 행정처분에 해당하지 아니한다(대판 2012두22904).〈23채용〉

3. 구청장의 주민등록번호 변경신청 거부행위는 항고소송의 대상이 되는 행정처분에 해당한다(대판 2013두2945).

4. 교도소장이 수형자 갑을 '접견내용 녹음·녹화 및 접견시 교도관 참여대상자'로 지정한 행위는 항고소송의 대상이 되는 '처분'에 해당한다(대판 2013두20899).

5. 항고소송은 원칙적으로 당해 처분을 대상으로 하나, 당해 처분에 대한 재결 자체에 고유한 주체, 절차, 형식 또는 내용상의 위법이 있는 경우에 한하여 그 재결을 대상으로 할 수 있다(대판 93누5673).

6. 행정심판위원회 스스로가 직접 당해 사업계획 승인처분을 취소하는 형성적 재결을 한 경우에는 그 재결 외에 그에 따른 행정청의 별도의 처분이 있지 않기 때문에 재결 자체를 쟁송의 대상으로 할 수밖에 없다(대판 96누10911).

7. 행정처분을 행할 적법한 권한 있는 상급행정청으로부터 내부위임을 받은 데 불과한 하급행정청이 권한 없이 행정처분을 한 경우에도 실제로 그 처분을 행한 하급행정청을 피고로 하여야 할 것이지 그 처분을 행할 적법한 권한 있는 상급행정청을 피고로 할 것이 아니다(대판 90누5641).

8. 주된 청구인 무효확인의 소가 적법한 제소기간 내에 제기되었다면 추가로 병합된 취소청구의 소도 적법하게 제기된 것으로 봄이 상당하다(대판 2005두3554).

9. 부작위위법확인의 소는 부작위상태가 계속되는 한 그 위법의 확인을 구할 이익이 있다고 보아야 하므로 원칙적으로 제소기간의 제한을 받지 않는다. 그러나 행정심판 등 전심절차를 거친 경우에는 행정소송법 제20조가 정한 제소기간 내에 부작위위법확인의 소를 제기하여야 한다(대판 2008두10560).

10. 확정판결의 당사자인 처분 행정청은 종전 처분 후에 발생한 새로운 사유를 내세워 다시 처분을 할 수 있고, 처분사유가 종전처분 당시 이미 존재하고 있었고 당사자가 이를 알고 있었더라도 이를 내세워 새로이 처분을 하는 것은 확정판결의 기속력에 저촉되지 않는다(대판 2015두48235).

11. 국가인권위원회의 성희롱결정 및 시정조치권고는 행정소송의 대상이 되는 행정처분에 해당한다(대판 2005두487).

12. 과태료 부과처분은 행정청을 피고로 하는 행정소송의 대상이 되는 행정처분이라고 볼 수 없다(대판 2011두19369).

13. 운전면허 행정처분처리대장상 벌점의 배점 자체만으로는 행정처분이라고 할 수 없다(대판 94누2190).

14. 법관이 이미 수령한 수당액이 정당한 명예퇴직수당액에 미치지 못한다고 주장하며 차액의 지급을 신청함에 대하여 법원행정처장이 거부하는 의사를 표시했더라도, 그 의사표시는 명예퇴직수당액을 형성·확정하는 행정처분이 아니라 공법상의 법률관계의 한쪽 당사자로서 지급의무의 존부 및 범위에 관하여 자신의 의견을 밝힌 것에 불과하므로 행정처분으로 볼 수 없다. 결국 그 지급을 구하는 소송은 행정소송법의 당사자소송에 해당하며, 그 법률관계의 당사자인 국가를 상대로 제기하여야 한다(항고소송이 아닌 당사자소송을 제기하여야 한다.)(대판 2013두14863).

🧑‍⚖️ 공무원의 직무상 불법행위로 인한 국가배상

1. 국가나 지방자치단체에 근무하는 청원경찰은 국가공무원법이나 지방공무원법상의 공무원은 아니지만, 직무상의 불법행위에 대하여도 민법이 아닌 국가배상법이 적용되는 등의 특질이 있으며 그 근무관계를 사법상의 고용계약관계로 보기는 어려우므로 그에 대한 징계처분의 시정을 구하는 소는 행정소송의 대상이지 민사소송의 대상이 아니다(대판 92다47564).

2. 지방자치단체가 선정한 '교통할아버지'의 위법행위는 지방자치단체가 국가배상법 제2조 소정의 배상책임을 부담한다(대판 98다39060).

3. **소방법에 의하여 시, 읍에 설치한 의용소방대는** 국가기관이라 할 수 없으니 그 대원의 직무수행 과정의 불법행위에 대하여 **국가는 그 배상책임이 없다**(대판 66다1501).

4. 국가배상청구의 요건인 '공무원의 직무'에는 **권력적 작용만이 아니라 비권력적 작용도 포함되며** 단지 행정주체가 **사경제주체로서 하는 활동은 제외된다**(대판 98다39060).

5. 국가배상법 제2조 제1항의 '직무를 집행함에 당하여'라 함은 **행위 자체의 외관을 객관적으로 관찰하여 공무원의 직무행위로 보여질 때에는 비록 그것이 실질적으로 직무행위가 아니거나 또는 행위자로서는 주관적으로 공무집행의 의사가 없었다고 하더라도** 그 행위는 공무원이 '직무집행함에 당하여' 한 것으로 보아야 한다(대판 2004다26805). 〈외형설〉

6. 법령에 대한 해석이 그 문언 자체만으로는 명백하지 아니하여 여러 견해가 있을 수 있는 데다가 **이에 대한 선례나 학설, 판례 등도 귀일된 바 없어 의의(의의)가 없을 수 없는 경우**에 관계 공무원이 그 나름대로 신중을 다하여 합리적인 근거를 찾아 **그 중 어느 한 견해를 따라 내린 해석이 후에 대법원이 내린 입장과 같지 않아 결과적으로 잘못된 해석에 돌아간 경우 국가배상법상 공무원의 과실을 인정할 수는 없다**(대판 2010다83298).

7. 어떠한 행정처분이 위법하다고 할지라도 그 자체만으로 곧바로 그 행정처분이 공무원의 고의 또는 과실로 인한 불법행위를 구성한다고 단정할 수는 없다(대판 2002다31018).

8. 국가배상책임에 있어서 법령 위반이라 함은 엄격한 의미의 **법령 위반뿐만 아니라 인권존중, 권력남용금지, 신의성실, 공서양속 등의 위반도 포함하여 널리 그 행위가 객관적인 정당성을 결여하고 있음을 의미한다**고 할 것이다(대판 2009다70180).

9. 경찰관이 소년에 대한 피의자신문조서를 작성하면서, 실제 신문 및 진술 내용은 **구체적인 수사기관의 질문에 대하여 단답형으로 한 대답이 대다수임에도, 문답의 내용을 바꾸어 기재함으로써 마치 피의자로부터 자발적으로 구체적인 진술이 나오게 된 것처럼 조서를 작성하여** 조서의 객관성을 유지하지 못한 직무상 과실이 있다(대판 2015다224797).

10. 경찰관이 농민들의 시위를 진압하고 시위과정에 **도로 상에 방치된 트랙터 1대에 대하여** 이를 도로 밖으로 옮기거나 후방에 안전표지판을 설치하는 것과 같은 위험발생방지조치를 취하지 아니한 채 그대로 방치하고 철수하여 버린 결과, 야간에 그 도로를 진행하던 운전자가 위 방치된 트랙터를 피하려다가 다른 트랙터에 부딪혀 상해를 입은 사안에서 국가배상책임을 인정한다(대판 98다16890).

11. 경찰관이 교통법규 등을 위반하고 도주하는 차량을 **순찰차로 추적하는 직무를 집행하는 중에 그 도주차량의 주행에 의하여 제3자가 손해를 입었다고 하더라도 그 추적행위를 위법하다고 할 수는 없다**(대판 2000다26807·26814).

12. 국가배상책임은 공무원의 직무집행이 법령에 위반한 것임을 요건으로 하는 것으로서, **공무원의 직무집행이 법령이 정한 요건과 절차에 따라 이루어진 것이라면 특별한 사정이 없는 한 이는 법령에 적합한 것이고 그 과정에서 개인의 권리가 침해되는 일이 생긴다고 하여 그 법령 적합성이 곧바로 부정되는 것은 아니다**(대판 94다2480).

13. 국민의 이익과는 관계없이 순전히 행정기관 내부의 질서를 유지하기 위한 것이거나, 또는 국민의 이익과 관련된 것이라도 **직접 국민 개개인의 이익을 위한 것이 아니라 전체적으로 공공일반의 이익을 도모하기 위한 것이라면** 그 의무를 위반하여 국민에게 손해를 가하여도 국가 또는 지방자치단체는 **배상책임을 부담하지 아니한다**(대판 2013다41431). 〈22채용〉

14. 공무원이 직무 수행중 불법행위로 타인에게 손해를 입힌 경우에 국가나 지방자치단체가 국가배상책임을 부담하는 외에 공무원 개인도 고의 또는 중과실이 있는 경우에는 불법행위로 인한 손해배상책임을 지고, 공무원에게 경과실뿐인 경우에만 공무원 개인은 손해배상책임을 부담하지 아니한다(대판 95다5110). 〈23경간〉

🙎 영조물의 설치·관리상의 하자로 인한 국가배상

1. 국가배상법 제5조 소정의 영조물의 설치·관리상의 하자로 인한 책임은 무과실책임이고 그 손해의 방지에 필요한 주의를 해태하지 아니하였다 하여 면책을 주장할 수 없다(대판 94다32924).

2. 영조물이 완전무결한 상태에 있지 아니하고 그 기능상 어떠한 결함이 있다는 것만으로 영조물의 설치 또는 관리에 하자가 있다고 할 수 없다. 신호기의 적색신호가 소등된 기능상 결함이 있었다는 사정만으로 신호기의 설치 또는 관리상의 하자를 인정할 수 없다(대판 99다54004).

3. **보행자 신호기가 고장난 횡단보도 상에서** 교통사고가 발생한 사안에서, **배상책임이 인정된다**(대판 2005다51235).

4. 가변차로에 설치된 두 개의 신호등에서 **서로 모순되는 신호가 들어오는 오작동**이 발생하였고, **그 고장이 현재의 기술수준상 부득이한 것이라고 가정하더라도 영조물의 하자를 인정할 수 있다**(대판 2000다56822).

5. 지방자치단체장이 설치하여 관할 지방경찰청장에게 관리권한이 위임된 교통신호기 고장으로 사고가 발생한 경우 **지방자치단체는 사무귀속**자로서 손해배상책임을 부담하고, 국가는 경찰관 등에게 봉급을 지급하는 비용부담자로서 국가배상책임을 진다(대판 99다11120).

6. 편도 2차선 도로의 1차선 상에 교통사고의 원인이 될 수 있는 크기의 돌멩이가 방치되어 있는 경우, 도로의 점유·관리자가 그에 대한 관리 가능성이 없다는 입증을 하지 못하는 한 이는 도로의 관리·보존상의 **하자에 해당한다**(대판 97다32536).

7. 승용차 운전자가 반대차선 진행차량의 바퀴에 튕기어 승용차 앞 유리창을 뚫고 들어온 쇠파이프에 맞아 사망한 경우, 사고 발생 33분 내지 22분 전에 피고운영의 과적차량 검문소 근무자 교대차량이 사고장소를 통과하였으나 위 쇠파이프를 발견하지 못한 사실을 인정하고 피고가 관리하는 넓은 국도상을 더 짧은 간격으로 일일이 순찰하면서 낙하물을 제거하는 것은 현실적으로 불가능하므로 피고에게 국가배상법 제5조 제1항이 정하는 손해배상책임이 없다(대판 97다3194). ※ 하자를 제거할 합리적 시간이 있었는지 여부에 따라 판단

8. 하천 관리주체로서는 **익사사고의 위험성이 있는 모든 하천구역에 대해 위험관리를 하는 것은 불가능하므로, 사회통념상 일반적으로 요구되는 정도의 방호조치의무를 다하였다면 하천의 설치·관리상의 하자를 인정할 수 없다**(대판 2013다211865).

🙎 국가배상 일반

1. 국가배상법 제7조의 상호 보증은 외국의 법령, 판례 및 관례 등에 의하여 발생요건을 비교하여 인정되면 충분하고 **반드시 당사국과의 조약이 체결되어 있을 필요는 없으며,** 당해 외국에서 구체적으로 우리나라 국민에게 국가배상청구를 인정한 사례가 없더라도 실제로 인정될 것이라고 기대할 수 있는 상태이면 충분하다(대판 2013다208388). 〈22채용〉

> 제7조(외국인에 대한 책임) 이 법은 외국인
> 이 피해자인 경우에는 해당 국가와 상호
> 보증이 있을 때에만 적용한다.

2. **일본 국가배상법 제6조**는 "이 법률은 외국인이 피해자인 경우에는 상호보증이 있을 때에만 이를 적용한다."고 규정함으로써 **우리나라 국가배상법과 동일한 내용을 규정하고 있으므로**, 우리나라 국민이 일본에서 국가배상청구를 할 경우 그 청구가 인정될 것이 기대될 뿐만 아니라 실제로 일본에서 다수의 재판례를 통하여 우리나라 국민에 대한 국가배상청구가 인정되고 있으므로, 우리나라와 일본 사이에 국가배상법 제7조가 정하는 **상호보증이 있는 것으로 봄이 타당**하다(대판 2013다208388).

3. **경과실이 있는 공무원이 피해자에게 손해를 배상하였다면 공무원이 변제한 금액에 관하여 구상권을 취득한다**(대판 2012다54478).

4. 교통정리를 위하여 사고현장 부근으로 이동하던 중 **대형 낙석이 순찰차를 덮쳐 사망한 사안**에서, '일반 직무집행'에 관하여도 국가나 지방자치단체의 배상책임을 제한하는 것이다(대판 2010다85942).

5. **경찰서 지서의 숙직실(연탄가스 중독사건)은 전투·훈련에 관련된 시설이라고 볼 수 없으므로** 국가배상법 및 민법의 규정에 의한 **손해배상을 청구할 권리가 있다**(대판 77다2389).

6. **전투경찰순경은 이중배상금지원칙이 적용되는 '경찰공무원'에 해당한다**(헌재 94헌마118).
   ※ 현역병으로 입영하여 **경비교도로 근무하는 자 및 공익근무요원은 이에 해당하지 않는다**(대판 97다45914, 97다4036).

7. **인사업무를 담당하면서 공무원들의 공무원증 및 재직증명서 발급업무를 하는 공무원이 다른 공무원의 공무원증 등을 위조하는 행위는 공무원이 직무를 집행함에 당하여 한 행위로 인정된다**(대판 2004다26805).

8. 군산 윤락녀 화재사건과 관련하여 **시청 공무원에 대한 국가배상책임은 인정되지 않았으나, 경찰과 소방에 대한 국가배상책임은 인정되었다.**

9. 공무원이 **자기소유 차량을 운전하여 출근하던 중 교통사고**를 일으킨 경우, 직무집행관련성이 인정되지 않는다(대판 94다15271).

10. 국가배상법 제2조 제1항에서 말하는 "직무를 행함에 당하여"라는 취지는 공무원의 행위의 **외관을 객관적으로 관찰하여 공무원의 직무행위로 보여질 때**에는 비록 그것이 **실질적으로 직무행위이거나 아니거나 또는 행위자의 주관적 의사에 관계없이 그 행위는 공무원의 직무집행행위로 볼 것이요** 이러한 행위가 실질적으로 공무집행행위가 아니라는 사정을 피해자가 알았다 하더라도 그것을 "직무를 행함에 당하여"라고 단정하는데 아무런 영향을 미치는 것이 아니다(대판 66다781).

11. 국회의원의 입법행위 또는 법관의 재판상 직무행위는 극히 예외적인 경우가 아니면 국가배상책임이 인정되지 아니한다.

12. 경찰관들의 시위진압에 대항하여 **시위자들이 던진 화염병에 의하여 발생한 화재로 인하여 손해에 대하여 국가배상책임이 없다**(대판 94다2480).
〈22경간〉

13. **경찰의 추격에 도주하던 차량에 의하여 피해를 입은 제3자**에 대하여 경찰의 추격행위가 위법하지 않는 한 배상책임을 인정할 수 없다(대판 2000다26807).

14. 국가보훈처장은 **국가배상법에 따라 손해배상을 받았다는 사정을 들어 보상금 등 보훈급여금의 지급을 거부할 수 없다**(대판 2015두60075).

15. 타이어가 사고지점 고속도로상에 떨어진 것이 사고가 발생하기 10분 내지 15분 전이었다면 운전자는 국가배상책임을 물을 수 없다(대판 92다3243).